東川町

椅子

Collection 3 コレクション

発行
写真文化首都
「写真の町」東川町

東川町　椅子

コレクション 3

題字　金澤翔子／装幀・本文デザイン　中村聡（Nakamura Book Design）

「椅子3」の刊行に寄せて

写真文化首都「写真の町」東川町

グローバル化の時代と言われて少し時が経ちました。メディアの多様化や交通機関の発達などによって確かに地球は狭くなり、日本の地方の町でも外国人の姿を見かけます。外国の人から話しかけられると、とまどい、その場から立ち去りたい気持になる人は、まだ少なくないと思います。東川町でも、そういう光景は有ります。でも、子どもたちは違います。逃げるどころか近寄っていくのです。

東川町には「アップル・キッズクラブ」という子どもさんが英語に触れられる場があります。ほっぺの赤い子どもの時代から英語を学ぼう、遊びの中から英語を覚えようと町の教育委員会が音頭をとり2000年にスタートしました。

東川町の子どもさんは、英語や外国人へのアレルギーはありません。「アップル・キッズクラブ」の効果もあるかもしれませんが、東川町は小さな町ではありますが、グローバル・タウンなのです。観光で訪れる外国の方だけではなく、この町には〝生活する〟外国人が多く住んでいます。本巻の中でも、その一部の方々を取りあげています。

第1巻でも書きましたが、町の職員は約百人ですが、国際交流員という海外から来た若い女性のスタッフが10人います。アメリカ、カナダ、ウズベキスタン、ラトビア、タイ、中国。その国籍は様々です。彼女たちが通りをさっそうと歩いていると、町は明るく華やぎます。

東川町には町立の「東川日本語学校」があります。全国初となる公立の日本語学校です。「写真の町宣言」で、世界に開かれたまちづくりの創造を目指す中で、国際交流、国際貢献の一環として設けられました。

留学生には日本語だけでなく、日本の文化や北海道の自然について学んでもらうためのカリキュラムも用意しています。木工や陶芸、写真などの体験学習、北海道の最高峰、旭岳や、近隣の美瑛、富良野の自然を肌で感じてもらうプログラムもあります。旭山動物園の訪問なども東川町ならではの学習だと思います。

留学生の感想文には、「もっと長い時間ここで暮したい。先生は全員優しく親切です。体験学習は全部楽しいです」（台湾・女性）『東川は写真の町』という言葉は今私には意味が分かってきました。東川町はどこでもいつでもきれいです。私はどこでもいつも写真を撮りたいです」（インドネシア・女性）とあります。

受講生の多い台湾では、2013年、台北市内で同窓生が集い「台湾東川町」が発足しました。これが契機となって、2016年に「東川町日台親善協会」が設立されました。「東川日本語学校」は、年々、受入れ国の増大と共に受講生の数も増し、東南アジア諸国を中心に二千人近い人々が学んでいます。設立の目的にある「日本語、日本文化を世界に広め、日本語教育を通して国際貢献を行う」の使命は着実に実を結んでいます。

ラトビア北部の町ルーイエナは、東川町と姉妹都市です。その文化交流を図る目的で刊行した絵本のプロジェクトも本年度で5冊目となります。ラトビアに伝わる民話を元に作家の三木卓さんが物語を書き、絵はラトビア国内から募集しています。ラトビアの外務省、文化省の協力も得て年々応募作品が増えています。皆さんもぜひ読んで下さい。

東川町にいらして自然の風景の中に外国の匂いを感じてみませんか。

君の居場所がある町　東川町

菅原浩志

「東川町から東に大雪山、西にフジが見える」

脚本執筆で東川町にこもっていた時、写真甲子園映画化支援協議会の皆さんの前でこう語った。隣に座っていた当時の合田博副町長が、慌てて両手を振り回し、「監督、違う違う！　富士山は見えない！」と。私が山の名前を間違えたので訂正しようとしたのと同時に、頭のおかしい監督に映画を依頼してしまい大変な事になってしまった！　と彼の不安な目から取り返しのつかない後悔の念が一瞬にして伝わってきた。私は脚本を執筆している家からスーパーチェーンのフジが見えると言ったのだが…。確かに東川町から富士山は見えないが、東川町には日本一を誇れる沢山のものがある。

三月の粉雪降る日。制服姿の中学生たちが両手で椅子を抱え、狭い雪道を一列になって歩いている。この日は中学校の卒業式で、卒業生は三年間使った自分の椅子を持ち帰っていたのである。むき出しの椅子を雪の中持ち歩く。三年間苦楽を共にした「自分の椅子」。モノトーンの景色の中で生徒たちの心情が鮮やかに現れていた。

東川町がプレゼントする椅子は中学生だけではない。誕生する子どもたちに道産の木材で作る小さな「君の椅子」がプレゼントされる。その椅子に触れていると、木のぬくもりと曲線から、作られた方々の子どもへの配慮と優しさ、愛情が溢《あふ》れるほどに感じられる。「生まれてくれてありがとう。そして君の居場所はここにあるからね」と、メッセージが込められている。

私はこの「君の椅子」に心動かされ、映画の中に取り入れたかった。写真甲子園と「君の椅子」を結びつけたかった。

昭和三年から七十年間、東川町で写真を撮り続けた実在の人物、飛騨野数右衛門《ひだのかずうえもん》氏の写真を映画に登場させ、数右衛門氏の息子役として「君の椅子」を作っている木工家を千葉真一氏に演じてもらった。生きている証のように写真を撮る女子高生役に平祐奈君。写真甲子園に出場した彼女は、「君の椅子」を必死に撮るが、若くして命を落とす。その事を知り、千葉真一が語る。

「いつでも撮りに来いよって、待ってるんだ」

実はこの台詞、平祐奈君演じる女子高生だけにあてている言葉ではなかった。

映画の出演者を全国から募った。応募者の中に、「高校三年間写真部で写真甲子園に挑戦したが、全て初戦で敗退。高校時代叶わなかった夢を、映画の撮影で叶えたい」と手紙に綴った学生がいた。東川町で開かれる写真甲子園の本戦に選手として参加出来る高校生は毎年五十四名。予選でもれた生徒や、本戦に選ばれても学校からは三名のみの参加で、他の写真部員は参加できず、毎年数千人もの高校生が写真甲子園に参加出来ないでいる。私は、その高校生たちにこの映画で写真甲子園を体験して欲しかった。

そして、この大会を支えている東川町の人々とふれあって欲しいと願った。全国の何処から来ても、海外から来ても、東川町の人々は心から温かく迎え入れてくれる。それは、その人の存在を認めて、その人の居場所を用意してくれている、ということである。君の居場所がある町。

東川町で脚本を執筆するには、私なりの理由があった。東川町の人々が吸っている空気を吸い、同じ光を浴び、同じ地下水を飲みながら書く事が大切と思った。そうする事で写真甲子園が生まれた土壌を少しでも理解する事が出来ると。町のどの店に入っても、人々のおおらかさと優しさが感じられる。都会のギスギスした感じが全くない。写真甲子園で初めて東川町に来た高校生が、「また来たい」と思うのは、写真に残す事に必死な彼らが、写真だけではなく、心に残る体験をしていたからである。

映画の撮影地を決めるロケハンで東川町の家を見せてもらった。どの家からも大雪山が見える。その家の奥さんが語った。家を建てる時、台所に窓を作る事を勧められ、そうしたら喧嘩しても台所から雄大な大雪山が見え、争い事が些細な事に思えたと。大雪山の山々に囲まれた大自然の景観が町の人々をも作っているのである。

人々は自分の居場所を求めて生きているのかもしれない。それは自分の存在を肯定出来る場所。それだからその場所で根を張り、大きく育つ事が出来る。居場所がその人を救ってくれる事もある。ここには君の居場所があるよと、無言で語りかけてくれるのが東川町なのかもしれない。

思い返せば、映画を志してから私は映画の為に居住地を転々としていたようである。北海道の高校を卒業してアメリカの大学に留学し、その後も映画の為に日本各地、海外に住んできた。映画を追い求めて五十年。そろそろ、自分の居場所を定めても良い年頃になってきたのかもしれない。

菅原浩志（すがわら・ひろし）

映画監督。札幌市出身。

米国カリフォルニア大学ロサンゼルス校（UCLA）芸術学部映画TV学科で映画製作・演出を学び、クームルーデ賞（優秀賞）を受賞して卒業。帰国後、1988年『ぼくらの七日間戦争』で監督デビューし、ブルーリボン作品賞、くまもと映画祭監督賞を受賞。『ほたるの星』『早咲きの花』は国内外で高い評価を受けた。

椅子をめぐる話と

織田コレクション

椅子Dataの見方

①名称

②制作者・デザイナー名（生没年・出身国）

③制作年代　④製作会社名

⑤素材　⑥サイズ（幅×奥行×高さ／座面高・単位：cm）　⑦重量

＊

解説文：織田憲嗣

写真：丸山彰一（エムスタジオ）

シャトー椅子

荻野アンナ

研究室は2人仕様になっている。2つの壁面を机とオフィスチェアが占める。ほかに細長い化粧板のテーブルとパイプ椅子が数脚。

狭苦しい中で、私は快適に昼寝する方法を編み出した。オフィスチェアを向かい合わせにし、間にパイプ椅子をひとつ挟む。これに横になり、辞書を枕代わりにする。顔にハンカチをかければパーフェクトだ。

突然の来訪者がノックなしでドアを開ければ、死体（?）を発見して血の気を失うことだろう。事実、数年前までは相部屋だったので、相方の先生に寝込みを襲われる心配は十分にあった。

研究室での仕事姿も、決して人には見せられない。昭和生まれの私には幼児のころの記憶がある。たまに着物のおばあさんが、草履を脱いで電車の座席で正座していた。頭の片隅にいつもそれがあって、正座が好きな私は、実は書きものの興が乗ると、椅子に正座してしまうのである。

その話を学生にしたら、ひとりが妙に頷いている。彼女は春休みに母親とフランスを旅した。その間、ずっと着物姿で、各地で絶賛の嵐だった。ひとつ困ったのは、長距離列車。彼女の母は私よりは年下だが、やはり昭和の生まれである。草履を脱いで正座。本人はあっけらかんだが、周囲の視線が痛かったそうだ。

自宅の仕事場は、リビング用のテーブルと椅子を使っている。ヘビーユーザーのため、椅子が音を上げた。周囲に木屑が散らばるようになり、ある日気がつくと、座板が抜けかけている。それでも座り続けたら、板は完全に崩壊し、座枠に張られた布だけが残った。そこにクッションを置くとお尻にやさしい座り心地で、未だに使っている私は物持ちが良いのではなく、単なる無精者だ。

むろん新品を買うつもりだが、いざとなると先延ばしにしたくなる。ネットに溢れる情報の、どの椅子が自分と相性がいいのか。決断するに足る決め手がない。

そんなわけで、どこに行こうと、室内ならば椅子が気になる。たまの贅沢で伊豆・川奈のクラシックホテルに泊まった。吹き抜けのロビーは、中二階が張りだし、反対側がガラスの壁面になっている。円柱に支えられた天井までとどく暖炉。足音を吸い取る絨毯。黒い革張りのロビーチェアは、大柄な私でも背もたれに際限なく沈み込む感覚がある。

やがて10人ほどの客が集まり、元支配人による館内の説明が始まった。大倉喜七郎男爵が1936年に自分の「城」のつもりで建てたこのホテルは、白い外観がスペイン風で、重厚なロビーはイギリス風。中二階の応接スペースには、背もたれが低く、マッシュルームを思わせる皮張りの椅子があった。

「これは昔の女性用です。着物の帯が当たらない作りになっています」

傍の角ばった椅子は、紳士が「ふんぞり返れる」ようになっている。

お城の椅子で目が肥えてしまったぶん、私の椅子選びはまだまだ時間がかかりそうだ。(作家)

チェーナーチェア

Paul Goldman　ポール・ゴールドマン（1912-2003・アメリカ）
1957年　プライクラフト社
オーク材、成形合板　w65×d55.5×h80/sh45　4kg

成形合板製の一体形シートを持つ椅子としては、デンマークのアルネ・ヤコブセンのセブンチェアがある。それは背から座にかけての曲げ部分を両側から大きく抉ってある。背と座、それぞれを３次元曲面にするために必要なデザインであった。それらは７枚の薄板を重ねてあり、背は弾力性に富んでいた。しかし、このゴールドマンの作品は、背の抉りがさらに大きく、その部分の強度を高める必要があり、ヤコブセンのものとは違う〝不等厚成形合板〟となっている。背を抉り狭くなった部分を厚くしているのである。アメリカのデザイナー、ノーマン・チェーナーのアドバイスから生まれたこの椅子は、２年後、アメリカのデザイナー、ジョージ・ネルソンの〝プレッツェル〟という似た作品を生み出した。１９４５年頃から１９６０年頃は世界の家具デザイナー達がこぞって椅子のシート面の３次元曲面化に心血を注いだ時期である。この椅子もそうした中から生まれたものだ。

折畳み椅子の愉悦

林　望

十八歳のときにラグビーで腰を痛めてから、はや半世紀が経った。私の人生は、つねにこの腰痛との闘い……いやいや、闘うのでなくて、腰痛と共に生きてきた年月であった。

まず私はなによりも座敷に座るというのがダメである。畳の上に長時間あぐらをかくなど、想像するだけで不愉快だ。

そこで生活は必然的に常に椅子に座る形になるので、私の家には和室というものは一切ない。すべて板張りの洋室である。となると、椅子の良し悪しはのっぴきならず重大だといわねばならぬ。椅子については、デザインよりも値段よりもブランドよりも、腰を痛めぬ座り心地が最優先の価値なのだ。

よく講演先などで、応接室に通されて、ふっかりとしたソファを勧められることがあるのだが、これがまた剣呑《けんのん》である。体が沈み込むような柔らかいソファに座ることは、ぎっくり腰になるリスクが非常に高い。

それゆえ、もしそういう応接室などに通された場合、私はこう頼むことにしている。

「すみませんが、ふつうの折畳み椅子を持ってきてくれませんか」

上等のソファが置いてあるにも拘わらず、それには座らずに、堅い折畳み椅子を持ってこいとは、いったいこの先生はどういう臍曲《へそま》がりであろうかと、相手は首をかしげるかもしれぬ。そこで私は、

「こういう上等のソファは腰を痛める可能性があるので苦手なのです」

と言い訳をしなくてはならぬ。

そうして、なんの変哲もない折畳み椅子を持ってきてもらって、ふっかりしたソファの脇にちんまりと座っていると、まことにぐあいがよろしい。これは別に偏屈でしているのでも、難行苦行を自分に課しているのでもなく、要するに、そういう平らで堅い座面を持った椅子が、もっとも座りやすく、安全かつ快適だからそうしているまでである。

椅子は、デザインの世界では、一つの重要な分野で、昔から有名デザイナーや建築家などが競って椅子をデザインしてきたということは私もよく承知している。

しかしながら、たとえば背が高く足の長い欧米人のために設計された椅子は、それがどんなに美しいフォルムを持っていようと、私にとっては無縁の存在に過ぎない。椅子は、胴長短足の私が安全快適に座っていられることが大切で、それ以上でも以下でもない。

いわゆる安楽椅子のような、半分寝そべったような形でオットマンに足を載せて座るスタイルの椅子も、私には喜ばしからぬ。背筋が真っすぐに伸びて、頭から上半身の重心が、きちんと骨盤の中央に乗っているという形でないと、やはり愉快でないのだ。

それゆえ私の家には、ソファも無ければ、リクライニングチェアもない。ただ直立的に座れるかっちりとしたダイニングチェアとオフィスチェアがあれば、それで私には充分に快適なのである。

（作家）

トーキョーチェア

Carl Axel Acking　カール・アクセル・アッキング（1910-2001・スウェーデン）
1958年　N・K百貨店
オーク材、布張り　w55.5×d51.5×h71.5/sh46.5　5.6kg

スウェーデンの偉大な建築家、エリック・グンナァ・アスプルンドに師事し、王立工芸学校の家具・インテリア科の主任教授を務め、現在活躍している多くのデザイナーを育てた重要なデザイナーである。この〝Tokyo〟と名付けられた椅子は1958年、東京のスウェーデン大使館のインテリア・デザインを手掛けた際にデザインされたもので、N・K百貨店により商品化されたものである。デンマークのハンス・ウェグナーのザ・チェアを連想させるが、これは見事にスウェーディッシュ・スタイルの椅子になっている。スウェーデンの椅子デザインの特徴として、脚部先端が少し太くなっていることがある。この椅子でもそうした特徴があり、ウェグナーのザ・チェアの脚の形状とは正反対のものだ。

センチメンタルな椅子。

茂木健一郎

言葉というのは不思議なもので、ある瞬間に耳にした一言が「ああそうか」と了解され、腑に落ちることがある。

それで新しい世界が開かれて、自分自身も更新されてしまうように感じることがある。

三十歳を過ぎて英国のケンブリッジ大学に留学した時、真っ先にやらなくてはならなかったのは下宿探しだった。郊外にちょうど良い小さな一軒家が見つかったので、そこに決めた。大家さんはケンブリッジ大学の教授だった。家の中を歩きながらあれこれと説明してくれた。英国では、家を借りる時には、家具がついていることが一般的である。入居してすぐに生活できるだけのものは揃っていた。階段の一番下には、教授のお気に入りだったのか、滑稽なマンガが額に入って飾られていて、親しみの持てる雰囲気だった。

教授は、当時五十代半ばだったのだろうか。専門は工学で、良い意味での「オタク」的な雰囲気を醸し出していた。黒い縁のある眼鏡をかけていた。やや太り気味で、少しはげていた。両耳の上あたりだけがふさふさと繋っていたので、何かのキャラクターのような印象があった。

部屋の中には、小さな木の椅子があった。一人で腰掛けて本を読んだりするにはぴったりだったが、あまり安定していなくて、座るにはコツが要りそうだった。

教授は、その椅子に注目している私を見て楽しそうに笑った。そして言った。

「それはね、本当に古い、ささやかな椅子なんだけど、私にとってはセンチメンタルな価値がある椅子なんだ。私が子どもの頃、私の父が私のためにつくってくれたんだよ。」

「センチメンタルな価値」という言葉が、そのような文脈で使われるのを、私は初めて耳にした。

中古の市場に出したり、オークションで競売にかけたりすれば、大した値段もつかないであろう椅子。しかし、本人の個人的な主観としては、かけがえのない価値のある椅子。大切に家の中に置いてある教授の気持ちが、一瞬にして伝わってきた。

教授はケンブリッジ市内の別の家に住んでいる。この小さな一軒家を持っている経緯はわからない。ひょっとしたら、子どもの頃住んでいたのかもしれないし、父親は、まさにこの家で椅子を作ってくれたのかもしれない。

詳しい事情はわからなかったけれども、その大切な椅子を託してくれる気持ちがうれしかった。私は、教授と握手して、さようならを言った。

それから二年間、その椅子は私のお気に入りになった。教授が小さな子どもだった頃を想像しながら、椅子に座って本を読んだり、外を眺めてビールを飲んだりした。

日々を積み重ねていくうちに、その椅子が、私にとっても少しだけ「センチメンタルな椅子」になった。

帰国する時、なんとなしに名残惜しく、外に咲く花を一輪椅子の上に載せて家を出た。

後に椅子の上に花が一輪あるのを発見した教授が、どのようなことを考えたのかはわからない。


（脳科学者）

“ガゼルライン”アームチェア

Dan Johnson　ダン・ジョンソン（1918–1979・アメリカ）
1958年ダン・ジョンソン・スタジオ
マホガニー材、籐張り　w54×d59×h95.5/sh48.5　4kg

日本ではあまり知られていないアメリカのデザイナー、ダン・ジョンソンの作品である。彼のスタジオで制作されたもので、アーキ・インダストリー社のためにデザインされた。この作品と同じデザインで、やや細身のブロンズ・フレームのものや、この作品と同じマホガニー材を使用したラウンジ・チェアもデザインされていた。その名のように、アフリカの草原に棲むトムソン・ガゼルの肢体を思わせる美しいラインをもった椅子である。アメリカのデザインというよりもイタリア、チェコッティ社のデザインを連想させるが、実際にはこちらのデザインのほうがはるかに早い時期にデザインされていた。躍動感のあるフレームデザインは、勢を込めて描かれた発想の早い段階のスケッチがそのまま具現化されたかのようだ。

元気な仕事イス

山口仲美

長い間、私は、使いやすい仕事用のイスを探していた。仕事が日本語の研究だから、四六時中、イスに座って調査をしたり、考えたり、執筆したりしている。だから、イスとの相性が大事なのだ。

キャスター付きの回転イスも使ってみた。さまざまな本を書棚から取ってくる時にくるりと回転させて行けば、動作に無駄がなく、まことに都合がいい。ところが、座ってじっと考えたりしているときに、ぐらぐらして落ち着かない。「いつでも回転してお好みの場所に行きますよ」というイスの意気込みが感じられて、集中できないのだ。

固定式で、座面のふっくらしたイスも使ってみた。座るたびに「くつろいでね」と言われているようで、仕事をする気分に合わない。「あのね、私は仕事に集中したいのよ。もっとシャキッとしてちょうだい」と言い返したくなるのだ。というわけで、心地よく仕事に集中させてくれるイスとはなかなか巡り合わなかった。

ところが、今から二〇年以上前のことだったと思う。アンティークの家具がおいてある店にふらりと入った。すると、やや大きめの、チーク材で作られた重厚感あふれるイスに出会った。背もたれから下に続く脚までが横から見ると、わずかに弓なりになっているだけで、あとはどこも垂直と水平な線でできているシンプルなものだった。前脚が太く、そこだけにバロック様式の柱を思わせる装飾が施されていた。座る部分は黒い布が新しく張り替えられた形跡がある。座面は、贅肉がなく、申し訳程度にアンコが入っているだけだった。いいかもしれない。私はそのイスを買った。

そのイスに座ると、ふしぎに落ち着いて論文が書ける。エッセイの筆が進む。そのイスと過ごして十年余りが経過したある日、私は青天の霹靂のように大腸がんだと診断された。あまり座り心地が良くて、運動を怠ったのも一因になっているかもしれない。私は大腸がんの手術で合計一カ月入院した。イスは、私と出会ってから初めて有給休暇をとれたわけだ。退院してきてから、またイスと仲良く仕事を始めた。

ところが、四年経つと、今度は膵臓がんになってしまった。あ〜あ、もうダメかもしれない。すると、イスが言った。「大丈夫ですよ。あの世でもあなたのお尻を支え続けますから」うぬ、あの世になんか行くもんか。

膵臓がんの手術後は体重も減って、イスの座面の堅さが堪える。正座して作業をすると、ちょうどいい。座面が大きいのが幸いした。それから再び四年が経った。まだ私は生きている。イスは元気そのもので、ニコニコしながら再び言うではないか。「あの世でもお尻を支え続けますから安心してくださいっ!」うぬ、あの世はご免でござる。

（日本語学者）

イージーチェア（プロトタイプ）

Bendt Winge　ベント・ヴィンゲ（1907-1983・ノルウェー）
1958-59年　ビヒャルネ・ハンセンズ・ヴェルクステダー社
オーク材、スチールパイプ、羊毛皮　w112×d67×h90/sh44　15.4kg

ノルウェーの家具デザイナー、ベント・ヴィンゲによる作品だ。そのフレームデザインはデンマークのボーエ・モーエンセンのハンティングチェアにヒントを得たものと考えられる。しかし、シートは背と座が分離され、サイドフレームに載せられ、前後に動かせるなど、独自のデザインとなっている。この作品は5脚のみ作られたものであるが、その構造に問題が多く見られ、強度の面から残りの4脚は現存しないのではないかと思われる。この作品にも補強のための金具が取り付けられたり、一部欠損した箇所が見られる。そうした問題点はあるものの、椅子としての美しさは捨てがたいものがある。最近ノルウェーで復刻生産のオファーがあり、実測図面を製作した。何とか問題点を解決し、商品化してほしいものだ。

引っ越してきた椅子

高橋三千綱

東京・笹塚に仕事場と称する二〇坪ほどの建て売りを買ったのはまだバブル経済前の昭和六〇年頃だった。一階に秘書がいて、彼女とは高校が同窓だと知ったのは南極半島のクルージングの船の中だった。会社をやめてかねてから憧れていた南極旅行に参加したのだという。だが、我々の乗った船は出航してわずか一週間後に座礁して、結局船は沈没してしまった。浮遊し沈没前に、ゾーディアックというゴムボートで氷の浮いた南極海を漂うことになった。浮遊しているとき、運良くチリの軍艦に救助されたのだから、タイタニック寸前だったといっていい。

そんなことがあって知り合ったのだが、会社をやめてしまっていた彼女は、日本に戻ってから一年ほどぶらぶらして、どういうわけか私の事務所を手伝ってくれることになった。その彼女が引っ越しして間のない頃、突然「椅子が届いたのですが、大きすぎて玄関から入れられないんです」と二階の日本間にいた私のところにいってきた。

そのとき私はふたりの女子高校生と、何故かそこにいた体のごつい編集者を相手に、真っ昼間からビールを飲んでいた。椅子など買った覚えのない私は秘書が何を言っているのか分からず、ただ濁った頭を横にしていた。その後一階に降りて玄関に行ってみると、ドアの外にどでかい荷物が置かれていた。秘書は椅子だというが、どんな椅子なのかも分からない。差出人の名前を見るとＹＴとあった。高校一年生のときのクラスメートの女性で一五歳のときから美人で有名だった子だ。三年生の男子が教室をしょっちゅう覗きにきて彼女は困っていたものだ。

ごつい体の編集者が頑張って梱包を解いている間、どうしてＹＴがこんなものを送ってきたのだろうと秘書と話していた。それで分かったのは、秘書はラジオ局でプロデューサーをしていたＹＴと偶然出会い、同窓だと分かって私の話になり、引っ越ししたばかりだというとＹＴが、では大きすぎて困っている椅子があるから高橋君にもらってほしいということになったのだという。何だか調子のよい話である。

編集者が梱包を解くと、透明なビニールに包まれた革張りの椅子が出てきた。変わったデザインで球体を斜めに切った形をしていた。椅子は直径が一メートルくらいあった。とても玄関から入れられないので、隣家の私道から仕事部屋の洋間にロープで引き上げた。そのままでは洋間に入らないので窓枠をはずしての作業であった。

編集者は女子高生の前で奮闘した。椅子をロープでしばり、それを終えると二階に来て椅子を引っ張り上げた。

編集者がミニスカートを穿いた女子高生と踏ん張って重い椅子を引き上げるのを、頑張れガンバレとビールを飲みながら私は声援を送った。あれから三五年。南極海から漂ってきた感じがする椅子は、今は府中の仕事場にある。

（作家）

ウィルヘルミナチェア

Ilmari Tapiovaara　イルマリ・タピオヴァーラ（1914-1999・フィンランド）
1959年　アスコ社
ビーチ材成形合板　w53×d50×h73.5/sh44.5　5.2kg

エリエル・サーリネンやアルヴァ・アァルトと並ぶフィンランドを代表する作家である。1951年のミラノ・トリエンナーレでフィンランド・デザインは6個のグランプリ、7個の金メダル、8個の銀メダルを獲得した。以来、フィンランドがデザインの分野で世界の注目を集めることになった。彼の作品もこの頃から数々の名作を生み出し、フィンランド・デザインの中心的人物となった。特にスタッキング（積み重ね）、フォールディング（折り畳み）、ノックダウン（分解・組立て）などの構造研究、量産性や経済性、機能性などのデザインの諸問題に真正面から取り組んでいった。この作品も量産性を考慮したスタッキングチェアである。フレームデザインの美しさでは秀逸である。しかし、積み重ねた際に座面に傷を付けることから製造が中止された。

当たり前の椅子と恋する椅子と

村治佳織

ギタリストにとって、椅子は空気のような存在だ。空気なしに生きていくことが出来ないように椅子なしではコンサートも成立しない。インドの楽器・シタールの奏者は、胡坐とも違う独自の座法で楽器を安定させるが、ギター奏者が地べたに座って弾くのは、リラックスした空間で例えば若者同士が一緒に練習しているとか、路上でのライブでオリジナルやカヴァー曲を披露している時などだろうか。

ともかく、私の場合はギターとの出会いの記憶もなく、気がついたら椅子に座り、左足を足台に乗せてギターを弾いていた。3歳の頃だろうか、座や背もたれの部分が真っ赤なビニール製の生地で被われ、座るとプヒーッ、プヒーッと素っ頓狂な音のする幼児用の椅子に腰掛けてギターを抱えている写真が手元にある。大笑いしていて楽しそうだ。よく見ると足台も専用のものではなく、お菓子の缶で代用されていて、こんな風に最初から生活感満載の状態でギターに出会っていたことがわかる。今でもどんな場所でも一脚の椅子と足台がそこに置かれていれば、それが私の練習場所、あるいはステージだという感覚になれる。限定された場所でないと弾く気にならないということはない。ひとえに、立派な練習室が与えられていたわけでもなく、リビングや部屋の一角で常に練習をしていた幼少期及び子供時代の環境の賜物だと感じている。

幼児用の椅子は早々に卒業し、先ほどの写真と時を同じくして3、4歳から今に至るまでずっと演奏専用に製作された椅子に座ってギターを弾いている。家では背なしのシンプルなもの。背付きのピアノ椅子は、どのホールにも完備されているので、コンサートではそのタイプを使うことが多い。座の部分も重要で、クッション性がありすぎると腰が沈み、演奏するのに大切な姿勢の良さを維持できない。若かりし頃はステージにオリジナルで作った椅子を置いて、ピンスポットが射してそこに自分が登場して……などと夢を抱いていたが、今はロマンより現実重視。座の堅さや高低調節機能に加えてスツール椅子のようにクルクル回ったりせず、肘掛けもなし（演奏中に肘があたる可能性があるので）、といった条件を満たしているものであれば、あとは拘らない、それが今のスタンスだ。

遡って、ロマンを抱いていた20歳前後、私は一脚の椅子に一目惚れをした。'98〜'99年のパリ留学時代に友人が持っていたインダストリアルデザインの雑誌で見つけた、「ミス・ブランチ」。作者の倉俣史朗さんのこと、'88年発売の作品であることなど、新しい知識を得た。肘掛けがあるので演奏シーンに使うことはあきらめたが、いつか清水の舞台から飛び降りるつもりで買うのなら、この椅子がその清水買いのリストの一番目だと思った。2000年、ニューヨーク近代美術館で偶然ミス・ブランチの実物が目の前に現れたときの、一瞬息を呑む感じ、あの感覚は一生忘れることはないだろう。椅子に岡惚れするなど一生に一度かもしれないし、一度でもその経験を出来たことに感謝している。思いがけなく椅子についてのことを書かせていただくことになり、また記憶の表層に浮かんできたミス・ブランチ。私の人生に時折現れては消える不思議な貴女。

（ギタリスト）

アームチェア

Sigurd Ressel　シグード・レッセル（1920-2010・ノルウェー）
1959年　ニールス・ヴォッダー工房
オーク材、革張り　w65×d56.5×h74/sh46.4　6kg

フィン・ユールの作品を主に制作していた、デンマークの名匠ニールス・ヴォッダーの工房でつくられたもの。笠木の彫刻的な美しさは、ハンス・J・ウェグナーのザ・チェアと同じく、ザ・チェアとよく比較された。ザ・チェアの笠木と同じく、3つの木片をジョイントして1つの大きな笠木を構成している。しかしこの作品の笠木はザ・チェアのようなフィンガージョイントではなく、おそらく「ダボ」を使用したジョイントではないだろうか……。高い技術水準に裏打ちされた作品である。

アンディ・ウォーホルの長椅子

横尾忠則

「椅子」と言われた瞬間、閃《ひらめ》いたのは江戸川乱歩の「人間椅子」という蠱惑《こわく》的な小説だった。椅子の内部に這り込んだ男が、椅子に腰を下す人間を椅子の内部から抱きかかえるというなんとも怪奇趣味的な内容だ。これはあくまでもフィクションである。

では現実を見渡して、何か気のきいた椅子の想い出などはないだろうかと考えてみたが、思いつくのは新幹線の椅子であったり、美容院の椅子であったり、病院の待合い室の椅子であったり、旅客機の椅子であったり、劇場の椅子であったり、公園のベンチの椅子であったり、学校の教室の椅子であったり公共的な場の椅子ばかりで、一生絶対に座れそうにないのは総理大臣の椅子とか、警察の取り調べ室の椅子とか、日本には存在しないが電気椅子など、数え切れないほどの椅子がこの地球上には溢《あふ》れている。

ぼくが毎日座っている椅子はアトリエの長椅子で、この椅子に腰を掛けて、読書をしたり、エッセイを書いたり、時には寝そべって仮眠をとる。絵を描く時はほとんど座布団に正座して描く。もっと大きい絵になると、立ったままである。

そこで何か特定の椅子はないかな？　と考えてみて、ふと想い出した椅子があった。一九六七年に初めてニューヨークに旅行して、約四ヶ月近く滞在することになったが、ニューヨークに着いて間もなくの時、ぼくの作品をコレクションしている作家のジョン・ウィルコックに誘われて、アンディ・ウォーホルの「ファクトリイ」と名付けられた彼のスタジオを訪ねた時だった。薄暗くてガランとした広いワンルームだった。その中心でウォーホルは助手も使わないでひとりで立ったままテーブルの上でシルクスクリーン版画の作品を刷っている最中だった。

ジョンとぼくが現われたのでウォーホルは間もなく制作の手を止めて、部屋の一角にある長椅子に案内して、そこに座るように言った。この長椅子は客を接待するような品物ではなかった。中古品というより廃品といったほうが似合うボロボロの椅子で、シートの真中当りが破けて中から金具のスパイラルが飛び出していた。ぼくは思わずウォーホルに「この椅子は何？」と聞いた。彼はニコリともしないで、「誰かが表の通りに捨ててあったのを拾ってきたんじゃないかな」とまるで他人事のように言った。

「まあ、どうぞ」と言われた以上、このボロ椅子に座るしかない。まあこのボロ椅子ひとつでアンディ・ウォーホルを判断しちゃいけないと思うが、こんな椅子に腰を下ろさせていただいた日本人は多分ぼくひとりではないかと思うと、この光栄に浴《よく》することができたことは大変貴重な体験だったと思わなくてはならない。あの椅子を買って、オークションにでも出品すればば大変な値段がついたかも知れない。今でもあの椅子の感触はぼくのお尻に食い込んだままである。

（美術家）

サイドチェア

Egon Eiermann　エゴン・アイヤーマン（1904-1970・ドイツ）
1950〜55年　ヴィルテ&スピート社
ビーチ材、籐　w46×d54×h81/sh46　4kg

エゴン・アイヤーマンはドイツを代表する建築家であった。多くの建築家のように、彼もまた家具のデザインを手掛けている。その中にはアメリカのチャールズ・イームズのＤＣＷ（椅子第2巻で紹介）のプロトタイプに酷似したものもあり、研究者には興味をそそられるものがある。ミッドセンチュリーの時代にあって、世界の家具デザイナーと同様に、彼もまたシート面の３次元曲面化に取り組んだデザイナーであった。３次元曲面を実現するため、薄板に切れ込みを入れるなど、成形のプロセスを経ずに合理的な構造を試みた例も見られた。しかし、強度の点を考えると一定の厚みのある合板を成形することが主流となったのである。この作品の背にもそうした一端がみられる。

私の"時"に寄り添う

吉永みち子

昭和二〇年代。生まれた家に椅子というものがなかった。座るといえば座布団に正座のことで、初めて椅子に座ったのは幼稚園に入った時。その頃はガリガリに痩せていた私には、痛いという印象しかなかった。初めての自分だけの椅子は、小学校入学にあたって学習机を買ってもらった時。机を選んだら椅子もついてきたという感じ。

廊下の端っこに学習机がすっぽり収まると、そこが私だけの空間になった。右側はガラス一枚で濡れ縁に続く外で、左側は居間兼寝室と隔てる障子。廊下の幅にスポッと収まった机の方は、片付け下手のせいですぐにノート一冊分の隙間を残すのみで、存在感が消えてしまったが、椅子は逆に存在感を増して、いつのまにか座布団は食事の時のみ。家にいる時間のほとんど椅子に座っているようになったのだ。

学校から帰ったら、ドスンと椅子に座る。勉強しているフリをすれば、もうそこは自分だけの空間。その世界を守るのに、椅子はとても役にたってくれた。隠れてマンガを読んでいて近づいてくる親の気配を感じた時、椅子だと機先を制してさっと立ち上がって視界を塞ぐことができた。間に合わなければお尻の下に敷いて隠し、断じて立ち上がらない。隠ぺい工作が成功する度に、密かに手を貸してくれる椅子のありがたみを感じつつ、困難に一緒に立ち向かう戦友のような一体感を感じたものだった。

その素早い動きのためには、浅めに腰掛けるのがいい。とってもイヤなことがあった時には、深く腰掛けて腕を組むと、何か次第に気持ちが落ち着いてくる感じがする。試験の前で、一生懸命勉強しなければならない時は、背筋をピンと伸ばして座ると眠くならずに覚えもよくなる気がする。シーンに合わせて椅子をうまく使いこなせるようになり、机や椅子の方も身長が伸びる度に高さを調節してくれる。結局小学校中学校の九年間をともに過ごした椅子は、その後もずっとぬいぐるみをいっぱい座らせていた。机は処分できたのに椅子とは別れがたかったのだ。

椅子との付き合いが長くなるにつれて、まるで伴侶を求めるように、いい相性との出会いを求めて夢中で探し、そのための時間がまた愛着を深めてくれたものだ。初めて「私だけの椅子」を手に入れてから六〇年以上。椅子はすばらしく多様化して、様々な形が生まれ、それぞれの求める心地よさに応えてくれるけれど、私の方は大分弱ってきて望みもシンプルになってきた。時折、低すぎたり深く沈みこんだりして、人の手を借りないと立ち上がれないという驚愕の事態に見舞われることもある。あの頃は、私が椅子にあわせることもできたのに、今は私に合わせてくれる椅子が頼みの綱となった。すっと立ち上がりやすい椅子、痛む腰を支えてくれる椅子、気持ちを包んでくれるような椅子……座布団から椅子の暮らしに変化するなか、椅子は様々なシーンで人に寄り添って、実にたくさんのやさしさを身につけてくれていると思う。それに比べて自分はどうだろう……きっと生涯を共にするだろう終の住み処ならぬ終の椅子に腰かけながら、ふと考えてしまうのである。

（ノンフィクション作家）

アームチェア

Rolf Rastad　ロルフ・ラスタッド（1916-1995・ノルウェー）
Adolf Relling　アドルフ・レリング（1913-2006・ノルウェー）
1960年頃　バフュース社
チーク材、籐編み　w58×d54×h74.5/sh44　4.5kg

ノルウェーにデザインの近代化が訪れたのは遅く、1918年にデザイン協会が発足してからである。以来、他の北欧諸国に追い着くため、オスロの国立工業学校が中心となり、この国のデザイン活動を導いてきたのである。同時に家具メーカーも、この作品を制作したバフュース社をはじめ、ブルクスボ社、ウェストノーファ社等の各社がデザイナーと共に完成度の高い作品を発表していった。また、デンマークの家具業界もノルウェー家具業界に対し良い意味での影響を与えた。そうしたことが後に北欧デザイン文化を高いレベルに引き上げたのである。そのためそれぞれ国は違っていても全体としての調和のとれたデザインを生み出した。それが〝スカンジナヴィアン・ハーモニー〟と呼ばれることになったのだ。この作品はそうした中の代表的なもので、クラフトマンシップの色濃く表れた作品である。

権力の椅子と見果てぬ夢

御厨　貴

今は亡き岸信介元首相の館が、まるごと静岡県御殿場市東山に残されている。岸信介はあの一九六〇年の安保騒動で辞任して後、十年程経った一九六九年、この地に文字通りの権力の館を建てた。戦前の元老西園寺公望の静岡県興津町にあった「坐漁荘」も、戦後、建築家吉田五十八が改築、増築を担当したワンマン宰相吉田茂の神奈川県大磯町にあった「大磯御殿」も、いずれもが政界第一線を退いた「隠居ぐらし」の館に他ならなかった。たとえ、そこに時と場合によっては政治の気が生ずることがあったとしてもだ。

しかし岸の館は、その点がまったく異なる。岸は心秘かに首相復帰への情念をたぎらせ、明らかに現役政治家の館としての建築を、かの吉田五十八に依頼したのだった。吉田もまた岸の権力動機を充分に生かす設計に心をくだいた。彼はこうずばり語っている。「政治家の住まいというものには、私宅でありながら、いつ公的要素が、突如として、はいり込んできて、公的な家に早変わりするか、わからないという性格をもっているものである。」

こうして岸の館は、「公的使用を主とする接客部門」を右手に、「私的な住居部分」を真ん中に、「サービス部門」を左手に拵え、三部門が明確に分かれるとともに、いざという時には壁をとり払い、三部門が連続してダイナミックな使用にたえる造りとなった。すなわち「接客部門」は、茶室のある日本間を奥に、機能的に動ける洋間を手前に置き、ガラス戸をすべて開くと庭と一体化する。一階の食堂からも二階の寝室からも、箱根の山に連なる眺望は決して悪くはない。

人は誰しも自らの館の中に、好みの場所がいつのまにやら出来るものだ。吉田茂は温室、同じく元首相の鳩山一郎は庭に面した応接室であった。では岸信介はどこがお気に入りの場であったのだろうか。「接客部門」のテラスから庭が見える洋間であった。そこに岸自身が欲したと思われるソファが一脚おかれた。岸のために吉田五十八が見立てた、スイス製の革張りのソファがそれだ。この大ぶりのソファに、岸は足を投げ出して腰かけ、本を読んだり考えごとをした。吉田茂は一人きりになり時に富士山を眺めた。鳩山は一族郎党に囲まれ時に賛美歌を歌った。果たして岸はどうであったか。海をのぞむ開放空間ではなく、山に囲まれた閉鎖空間の中だからこそ、首相復帰と憲法改正を期して激しくたぎる岸の思いは、見果てぬ夢として昇華されたのであろう。

岸の晩年を象徴する権力の椅子は、今もなお岸のオーラを放っている。私は二〇一三年にこの岸の館で「いま、岸信介を読み解く」と題する特別講演会を三回行った。その際、岸の権力の椅子は常に私の講演を見定めようとしているかのように、時折私は岸の権力の椅子からの声なき声を聞いた。権力の主は姿を消して久しいが、権力の椅子は今も参観する人々に、岸の終生消えることのなかった権力意志を伝えんとしている。

（政治学者）

コノイドチェア(カスタムデザイン)

George Nakashima　ジョージ・ナカシマ (1905-1990・アメリカ)
1960年頃　桜製作所
ウォールナット材、ヒッコリー (漆仕上げ)　w53×d55×h90.5/sh43　8.2kg

日系二世としてアメリカに生まれ、ワシントン大学で林学と建築学を学び、マサチューセッツ工科大学で建築学修士号を取得。その後来日、アントニン・レイモンドの建築事務所に勤務。帰米後、太平洋戦争のため抑留キャンプに収容された。その際、日本人の老大工と知り合い、戦後、日本の伝統と、アーリー・アメリカンを統合した独自の木工作品を生み出した。この作品は、彼が来日した際、記念モデルとして2脚だけ制作されたもので、座に彫刻刀の削り跡を残し、漆で仕上げたものである。この作品の名前の由来となっているコノイドとは円錐状を示す言葉であるが、背のスポークの上下先端が細くなっており、その形状によるものかもしれない。あるいはアメリカ・ペンシルベニア州ニューホープのアトリエの一群の建築物の屋根の形状からのネーミングかもしれない。

「語り」という人生の椅子

平野啓子

子どものころから畳の部屋が好きで、したがって、椅子はあってもなくてもよかった。けれども、数年前に、山登りの下り方を失敗して、膝を痛めてしまってから、どこへ行ってもつい椅子に目を留めてしまう。座るためと言うよりも、もし座りたくなったら、あそこだ、と心に安心感を持たせるためなのかもしれない。椅子に腰をかければ、立ち上がる時に膝への負担が少ない。疲れた時には、「ああ、ここに椅子があって本当に良かった」と心から椅子の存在を嬉しく思う。畳の部屋にさえ、椅子を求めることが多くなった。それは、膝が治った今も続いている。

困難や苦しみに出くわすと、ふいに見えてくる、近くにあるもの、いる人、のありがたさ。振り返ると、これまで、私が生きてきた中で、ああ、どうしよう、と行き詰った時に、手を差し伸べてくれた人が何人もいた。けれども、若い時分は助けてもらうことが当たり前のように思いがちだった。たとえ、感謝の気持ちがあったとしても。

椅子を見るようになると、その種類にも意識が及ぶようになった。背もたれのあるもの、ないもの、回転椅子、丸椅子、事務用、リビング用、木の椅子、布張りの椅子、ソファー…ランダムに挙げるだけでも枚挙にいとまがない。座るという目的だけをみれば、どの椅子でもその役割を果たす。しかし、もっと細かい用途やこちらの体の状態に応じた、最も座り心地の良い椅子が、それぞれ存在する。椅子にも、持ち分、あるいは専門性があるのである。

こんなことに意識が行くのは、私が今、自分の仕事の専門性を世の中に確立させようと思っているからである。私は、名作文学や名文、名エピソードを暗誦で伝える「語り」を生業にしている。もともとは「朗読」が趣味で、「銀河鉄道の夜（宮沢賢治作）」を一年間毎日、1回2時間以上かかる全文の「朗読」を続けているうちに、暗誦による「語り」に出会いその道に入った。文学の場合、文章が決まっているので、「朗読」も「語り」も同じように思われがちだが、実際に携わると別のジャンルである。例えば、「語り」は客席とのアイコンタクトが頻繁に行われる。そのため、「朗読」とは違う間《ま》、言葉の緩急、声の強弱、伸び縮み、などが生まれる。基本的には手元に本を持たず、『語り』とともに所作が前後して伴う。『朗読』は、書かれている文章を忠実に声で伝えるもので本が主体となり、『語り』はたとえ誰が書いた文章であっても、その文章を通して、自分の心の表現をするものである。双方のジャンルに素晴らしさがあり、また達人のレベルと言うものがある。誰でも入ることができるジャンルだが、そこには、専門性があるので、本人の魅力だけで芸術レベルになるような単純な世界でもない。入口は広く、奥深い世界である。「語り」という専門の椅子があったからこそ、私はそこに座り、人生の大半を「語り」の芸術活動に捧げることができたのである。

平成23年度には、「語り」が小学校国語教科書の単元に入り、私も昨年ようやく『語り』のための本を執筆した。初めて私の名前を継承する弟子もデビューさせた。その弟子は、自分にぴったりとくる人生の椅子を必死で探しているところだった。

今後、私自身「語り」という椅子をたくさん用意できるだろうか。その椅子に、多くの人が気づき、選んで腰かけてもらえるように。

（語り部・かたりすと）

アームチェア

Ole Wanscher　オーレ・ヴァンシャー（1903-1985・デンマーク）
1962年　A.J.イヴァルセン工房
ブラジリアン・ローズウッド材、ホースヘア張り　w63×d56.5×h80/sh46.5　6.5kg

特に話題になった作品ではなく、また、個性を主張するわけでもなく、しかし誰が見ても美しい作品というものがある。このヴァンシャーの作品がそうした好例ではないだろうか。最高の家具デザイナーによってデザインされ、最高の素材を使って、最高の技術を誇る家具職人の手で作られたデンマーク家具が、世界の耳目を集めるのは当然のことである。今では入手が困難なブラジリアン・ローズウッド材や、100年の使用に耐えると言われる馬の尾尻で織ったホースヘアを贅沢に使った、気品と風格漂う作品である。アームレスタイプもデザインされていた。この作品を制作したA・J・イヴァルセン工房はデンマークではルッド・ラスムッセン、ヨハネス・ハンセンと並ぶ名工房であった。

「明治の精神」の椅子

新保祐司

椅子ということで、私の頭に浮かぶのは、国木田独歩の小説『非凡なる凡人』の中に出てくる椅子である。この名作は、「明治の精神」を描いた代表的な作品といっていい。

平成三〇（二〇一八）年は、明治一五〇年である。昭和四三（一九六八）年の明治一〇〇年のときにも、様々なメディアによる明治への回顧が行われたが、今回の明治一五〇年にも多方面で明治という時代と人間に対する振り返りがなされることであろう。しかし、明治一〇〇年のときと明治一五〇年の今年では、明治に対する見方が変わってくるのも当然である。明治の文明開化の面ではなく、「明治の精神」に光が当てられるべきである。そして、その「明治の精神」とは、どういうものかを一言にしていうならば、それは「非凡なる凡人」の精神ということになるであろう。

この独歩の短篇の主人公、桂正作は、語り手の少年時代からの友人である。「非凡人ではない。けれども凡人でもない。さりとて偏物でもなく、奇人でもない。非凡なる凡人というが最も適評かと僕は思っている」と書かれている。このような「非凡なる凡人」が多数いたことが、明治の特徴であり、明治という時代は、この「非凡なる凡人」によって支えられていたのである。

この桂少年は、『西国立志編』の愛読者であった。これは、サミュエル・スマイルズの『Self-Help』（自助論）を中村正直が翻訳したものである。司馬遼太郎は、明治を代表する本を一冊挙げるとすれば、この書だと言った。

ある日、語り手は、桂少年の家に寄った。「桂正作は『テーブル』に向い椅子に腰をかけて、一心になって」『西国立志編』を「読んでいる」。

その後、桂正作は東京に出て、苦学の末に或る会社の電気部の技手として働くことになる。そして、ある日、桂正作を仕事場に訪ねた語り手は、感動的な場面に出会う。何か器械の修理をしているらしい。語り手は、次のように語る。

「桂の顔、様子！　彼は無人の地にいて、我を忘れ世界を忘れ、身も魂も、今その為しつつある仕事に打ち込んでいる。僕は桂の容貌、かくまでに真面目なるを見たことがない。見ている中に、僕は一種の荘厳に打たれた」。

桂少年が、使っていた椅子については、次のように語られている。

「僕は先ずこの『テーブル』と椅子のことから説明しようと思う。『テーブル』というは粗末な日本机の両脚の下に続台をした品物で、椅子とは足続ぎの下に箱を置いただけのこと。けれども正作は真面目でこの工夫をしたので、学校の先生が日本流の机は衛生に悪いと言った言葉を成程と感心して直ぐこれだけのことを実行したのである。そしてその後常にこの椅子テーブルで彼は勉強していたのである」。

この「足続ぎの下に箱を置いただけの」椅子こそ、「明治の精神」の自主独立を象徴しているものに他ならない。椅子というものは、それを使う人間の本質を表すものだからである。この椅子にもまた、「一種の荘厳に打たれ」ないであろうか。

（文芸批評家）

ロッキングチェア

Gae Aulenti　ガエ・オウレンティ（1927-2012・イタリア）
1962年　ポルトロノヴァ社
ビーチ材、革張り　w72.5×d108×h92.5/sh55.5　13.2kg

ロッキングチェアは１８００年代以降、様々なデザイン、構造のものが生まれた。中でも木の繊維を断ち切ることなく、細い部材による美しい曲線で構成されたトーネット社の作品には秀作が多い。その後、スチールパイプを使ったものや、樹脂製のもの、木では表現できない構造のものなど、そのヴァリエーションは豊かである。それは、こうしたロッキングチェアが実用性から少しはなれた用途のせいかもしれない。このオウレンティの作品は、ビーチ材（ブナ）を曲げたフレームに、シート部分を吊るした構造のため極めて安楽性が高いものである。また、ヘッドレストと膝裏にはクッション材が入っており、さらに快適な掛け心地となっている。

マリー・アントワネットの椅子

大場静枝

マリー・アントワネットの肖像画の中に、「シュミーズ・ドレス姿の王妃」と題する一枚がある。絵の中のマリー・アントワネットは白いモスリンの軽やかなドレスを身につけ、麦わら帽子を被って、一輪の薔薇の花を手にしている。この作品は、肖像画は正装で描かれるものだという当時の常識から大きく外れていたため、ヴェルサイユ宮殿に納められることはなかった。この時、同じ構図で正装したマリー・アントワネットの肖像画も描かれたが、こちらの方は現在、ヴェルサイユ宮殿に収蔵されている。二枚の肖像画を比べると、飾らない魅力とでも言ったらいいだろうか。シュミーズ・ドレスを着たマリー・アントワネットのほうが自然でずっと美しい。こちらを見返すその瞳には、彼女の内面までもが写し出されているかのように思えた。

ところで、ヴェルサイユ宮殿の敷地に、マリー・アントワネットが私邸として使っていたプチ・トリアノンと呼ばれる小ぶりの館がある。館の家具調度はマリー・アントワネットの趣味だという。その中に、魅力的な木製の椅子が置かれている。濃い茶色のシンプルな椅子で、一見すると、少々無骨な印象を与える。本館の王妃のアパルトマンやプチ・トリアノンの他の部屋で、豪華なロココ調の家具調度、なかでも色鮮やかで華やかなモチーフの絹張りの肘掛け椅子の数々を眺めてきた目には、少々違和感を覚えずにはいられない、そんな椅子である。

でもこの椅子を注意深く観察すると、交差した脚の形状や背の菱形格子、そしてそこに彫り込まれたパルミットやロゼットなどの緻密な植物模様が、これがただの椅子ではないことを物語っている。そう、これは王室御用達の家具職人、ジョルジュ・ジャコブが作った椅子なのである。ジャコブは親方の家の生まれではなかったので、本来なら一介の職人でその一生を終えたとしても何の不思議もなかったが、その才能と型にとらわれない発想力、そして幸運とが重なって、マリー・アントワネットの家具職人にまで登りつめた。余談だが、ジャコブの工房はフランス革命の動乱を生き延び、第一帝政時代にはかの有名なナポレオン一世の玉座を制作している。

さて、プチ・トリアノンにあるジャコブの木製の椅子だが、意匠を凝らした作りであることは間違いないが、座面が絹張りのクッションでできているわけでも、表面に金箔があしらってあるわけでもない。はっきり言って、ヴェルサイユ宮殿に置くには少々物足りない。そこで来歴を調べてみると、この椅子はもともとルイ十六世が狩猟用の城館として手に入れたランブイエ館の園亭《レトリ》に置かれていたことが分かった。園亭というのは、農家を模した建物である。プチ・トリアノンの庭園にも田舎風離宮《アモー》と呼ばれる同様の「疑似農家」がある。

マリー・アントワネットは、ヴェルサイユ宮殿の細々としたしきたりや無用とも思える煩雑な礼儀作法に耐えられず、宮殿での生活を好まなかったと伝えられている。宮殿からしばしばプチ・トリアノンに逃れて、気の置けない側近たちと楽しい時を過ごしていた。そうした妻がランブイエ館でもくつろいで過ごせるように、ルイ十六世が作らせた園亭のための特別な「農家風の椅子」、それがジャコブの木製の椅子の正体だったのである。

この椅子を眺めていると、シュミーズ・ドレス姿のマリー・アントワネットの肖像画が目に浮んでくる。マリー・アントワネットは稀代の浪費家として悪名高いが、果たしてその本質は、本当に贅沢好きの女性だったのだろうか。ジャコブの椅子は私に、時代に翻弄された一人の女性の素顔を垣間見せてくれるように思えてならない。

（仏文学者）

フェニス211

Carlo Mollino　カルロ・モッリーノ（1905-1973・イタリア）
1962年　ザノッタ社
ウォールナット材　w42×d52.5×h95.5/sh44.5　4.2kg

建築家は一般に多才であるが、モッリーノほど多方面に活躍した人物はいないのではないだろうか。建築設計をはじめ、家具、グラフィック、インテリア、ファッションのデザイン、都市工学、教育活動、写真、舞台芸術、航空学、カーデザインと1人で総合芸術大学を受け持つようなものであった。日本ではあまり知られていないが、その造形と構造のオリジナリティの斬新さには驚かされる。この作品は最後期の作品で、３本脚のものもデザインされた。イタリアデザイン界にあって、その多才さゆえに異端視されたが、現在では彼の評価は高まる一方である。モッリーノ作品がオークションに出品されると、その価格の高さは世界的なニュースとなっている。

『人間椅子』の時代

猪瀬直樹

『人間椅子』という奇妙な表題の短篇小説がある。いかにも江戸川乱歩らしい、どこかおぞましく背徳の蠱惑的《こわくてき》な世界を予感させる。発表されたのは大正十四年である。

主人公は「美しい閨秀《けいしゅう》作家」で「外務省書記官である夫君の影を薄く思わせるほども、有名になっていた」のであり、夫を送り出してから書斎の机の前にすわると、まず未知の読者からの手紙をひもとくことを習慣としていた。

閨秀作家という言葉はこのごろあまり使われないが、閨とは女性の居室の意味で、秀は文芸や学問に携わること、明治時代、大正時代から活躍しはじめた女流作家、女流画家などの新風俗に対して、奥ゆかしさに皮肉を混ぜてそう呼んだりしたのである。

読者からの手紙や素人原稿はたいがい退屈なものだが、「奥様」との呼びかけのことばで始まる手紙はどこか異常な、妙に気味わるい響きがする。持ち前の好奇心が、彼女をして、ぐんぐん先を読ませていくのであった。

手紙の主は「不思議な罪悪を、告白しよう」と語り始める。「因果な身の上」「ざんげ」「奇怪千万な事実」「生まれつき、世にも醜い容貌の持ち主」「ごく貧乏な、一職人」などと自らを説明する。美人で外交官夫人の主人公とは、住む世界がいかにかけはなれているか、というあたりが強調される。

「わたしの専門は、さまざまのイスを作ることでありました。わたしの作ったイスは、どんなむずかしい注文主にも、きっと気に入るというので、商会でも、わたしには特別に目をかけて、仕事も上物《じょうもの》ばかりを回してくれておりました。そんな上物になりますと、もたれやひじ掛けの彫りものに、いろいろむずかしい注文があったり、クッションのぐあい、各部の寸法などに、微妙な好みがあったりして、……苦心をすればしただけ、でき上がった時の愉快というものはありません。生意気を申すようですけれど、その心持ちは、芸術家がりっぱな作品を完成した時の喜びにもくらぶべきものではないかと存じます」

僕はいまこの原稿を椅子に腰をかけて書いている。日本人だから、たまに椅子の上であぐらをかいたりもする。大正五年歳暮に没した夏目漱石は、死ぬまで畳の上の文机に向かっていたのである。

山手線の環状運転が始まったのは大正十四年であった。山手線は品川駅から山手の田園地帯を経由し赤羽に抜ける貨物線にすぎなかった。ダウンタウンは上野や浅草で、渋谷や新宿や池袋は新開地だった。東横線や小田急線や西武線などが開通、山手線と接続することで沿線に住宅が立ち並び、東京は西に大きく膨張する。大正時代の後半から昭和初期にかけて、私鉄沿線には和洋折衷の〝文化住宅〟が誕生する。田園調布はその典型であった。『人間椅子』が書かれたのはそんなライフスタイルの大転換期だった。

さて種明かしは最少に留めるが、手紙を寄越した職人は、どんな人びとが自分のイスに坐るのか、さらにその感触を知りたくなり、とうとうイスのなかに潜り込む。

「肉体のくすぐるような感触が、わたしに一種名状すべからざる刺激を与えたのでございます」

背筋が凍るのは、その配達先である。

（作家）

アームチェア

Vico Magistretti　ヴィコ・マジストレッティ（1920-2006・イタリア）
1963年　カッシーナ社
ビーチ材塗装、革張り　w58×d52×h75/sh48　9.6kg

イタリアの椅子といえばプラスチックに代表される奇抜な色や素材を使ったユニークなデザインを連想する。しかし、そうしたユニークな作品以前に、ベーシックなデザインを踏まえているからこそ、今日のイタリアデザインに奥深さが感じられるのであろう。マスコミはミラノサローネなどで発表されるアートオブジェのような作品の話題性に重きを置くため、家具デザインの本質的な面からは離れるばかりである。このマジストレッティのアームチェア、特に主張するデザインではないが、直線と曲線の組み合わせに絶妙なバランスを感じさせる作品だ。座面に草を編んだものや、塗装を変えたもの、アームレスタイプなど、様々なヴァリエーションがあった。

椅子と遊ぶ

蜂飼　耳

椅子との関係は、物心がついたころから続いている。椅子は座るためにある。けれど、そのためだけのものではなかった、そんなころがあった、と思い出す。

子どものとき、祖母のうちにはミシンがあった。古い足踏みミシンだ。針が危ないから勝手に触ってはだめ、といわれていたが、子どもの目に、足踏みミシンの仕組みはとても面白いものに映り、つい触っては叱られた。

ミシンそのものも魅力的だったが、そこに置かれていた椅子も、遊び道具というより、遊び相手だった。その椅子がもともとミシンの付属品だったかどうかはわからない。簡単なつくりの、スツールのようなもので、座面にはえんじ色の布がはられていた。

その椅子に、もちろん座りもしたけれど、脚のあいだをくぐって遊んだ。前後にも、左右にもくぐることができた。そんな単純な動きを、どうして飽きずに繰り返していたのだろう。

座面に立って、床へ飛び下りたり、横倒しにして脚の上にブロックを並べたりと、一脚の椅子でいつまでも遊ぶことができた。椅子と遊ぶ時間のあいだには、椅子が椅子から離れて別のものと化すような瞬間がたびたび訪れたのだと、いまになって気づく。

いつしかその椅子はどこかへ片付けられ、見えなくなった。祖母が亡くなった後、その椅子が納戸から出てきたときには驚いた。座面はすっかり色あせ、すり切れていた。

椅子が残っていたことにも驚いたが、かつてくぐった脚と脚のあいだの幅があまりにも狭いことに、はっと驚いたのだった。もう二度と、くぐれない幅。おのずと寂しさが湧いた。それから、懐かしい友だちに会ったようなうれしさがやって来る。その椅子に、愛着を感じていたのだと知った。

子どものころに遊び相手だったもう一つの椅子は、家にあったロッキングチェアだ。丁寧にそっと揺らすものだと知ってはいても、前後に動かしているうちに、だんだんと強く揺らしたくなってしまう。公園の遊具みたいにどんどん、力を入れたくなってしまう。

しだいに、椅子は椅子から離れて別のものになっていく。そういう瞬間はあるのだ。そのまま乗っていると、どこか遠くへ行かれる気がしてくる。ロッキングチェアは、木馬になり、ボートになり、飽きることはなかった。そんなにも遊んだのに、その椅子がいつ、どのように壊れて捨てられたのか、思い出せない。

椅子は座るためのものだ。いまはもう座るためにしか用いない。だが、椅子との関係を振り返ると、必ずしもそれだけのものではなかった。ときには遊び相手であり、乗り物でもあった。本来の用途を越えて、そんなふうに接したこの二つの椅子を、まるで幼なじみのように思い出す。椅子との時間は、重ねれば重ねるほど、自分の一部となっていくのだ。

（詩人）

イージーチェア　No.4305

Ebbe Clemmensen　エベ・クレメンセン（1917-2003・デンマーク）
Karen Clemmensen　カレン・クレメンセン（1917-2001・デンマーク）
1963年　フリッツ・ハンセン社
アッシュ材、革、布張り　w61×d69×h72/sh35.5　9kg

リデザインとして見るならば、コーア・クリントのサファリチェアの延長線上にあるデザインと考えてもよいだろう。それは肘の革使いからくるものであるが、この椅子を特徴付けているものは、その革と脚部のジョイント部であり、さらに脚部の面取りされた美しいディティールでもある。この脚部は、断面が三角形となっており、全体を軽く見せている。イタリアのジオ・ポンティの〝スーパーレッジェーラ（超軽量）〟も同じ様に脚部がアッシュ材で三角形の断面をもつものである。このクレメンセン夫妻の作品は、デンマーク家具関係の本に必ずといってよいほど登場するデンマーク家具の名作である。クレメンセン夫妻にはこの作品以外ほとんど家具作品は見られない。多作ではないが、このような名作を一生に一作品生み出したことだけでも充分だ。

椅子

平岡淳子

アンティークのテーブルと椅子四脚
家族三人で新宿のデパートで選んだ
アールデコ模様の背もたれが好きで

三才の娘は足をぶらつかせるばかり
わたしは頬杖ついて遠くを眺めたり
夫の姿をそこに思い出せないでいる

座ったまま姿を消してしまったのだ
さよならという声を聞き逃したのか
いないいないと泣いたのは娘だった

泣いても帰って来ないことに気づく
これが成長だなんてあきらめながら
毎日おいしいものを食べては暮らす

娘とふたりの食卓となって十数年が
小学生、中学生、高校生、大学生と
その娘も巣立ち椅子は三脚余ってる

ときどき椅子はぎこーっと鳴いてる
わかったわかった振り返ってみるね
寂しくないなんていう強がり捨てて

（詩人）

プライウッドチェア

Grete Jalk　グレーテ・ヤルク（1920-2006・デンマーク）
1963年　ペーター・イェペセン社
チーク材成形合板　w63×d72×h75/sh32.7　5.2kg

薄い積層合板を曲げ、曲面をもたせることにより、強度を高めた作品である。グレーテ・ヤルクは、この椅子をデザインした頃、同じ考え方で大きな丸い椅子をデザインしている。その作品はイギリスの〈デイリー・メール〉紙が主催した家具コンペティションに応募、見事一等賞を獲得した。そのコンペティションの審査員の一人がアルネ・ヤコブセンであり、その第一報は彼から直接グレーテ・ヤルクにもたらされた。残念ながらその受賞作品は、制作したペーター・イェペセン社の工場が火事になり焼失してしまったため、現存するのは当時の作品の写真のみである。その後デザインされたのがこの写真のプライウッドチェアである。そしてこの二つの作品が彼女を一躍世界的な家具デザイナーにした。

理想の椅子

檀 ふみ

長いこと、椅子についてなど、考えてみたこともなかった。それが、「幸」なのか「不幸」なのかは、よくわからない。

考えずに済んだのは、我が家には、父が食卓とともに作らせた、木製の立派な椅子が何脚もあったからである。

食卓のほうは突き板でできていたので、年とともに反ったり剝がれたりして、やがて見る影もなくなってしまったが、無垢の木で作られていた椅子は、かなり長持ちした。そのうちの一脚など、半世紀以上も私とともにあった。ほんのつい一年ほど前まで、それに腰掛けて原稿を書いたり、調べ物をしていたものである。

しかし、家を建て直すことになって、ついに古い椅子と別れる決心をした。

決心などという、大げさなものではなかったかもしれない。実のところ、少々ホッとしていた。長年の酷使により、かなりガタがきていたからである。背にもたれるたびに全体がグラグラと怪しく動いたし、座面の真ん中が大きく割れていたので、低反発の座布団を二枚重ねにして、なんとか凌いでいたくらいである。

それでも、こんな椅子はイヤだ、あんな椅子がほしいなどとはまったく思わなかった。よっぽどおめでたくできているか、ボンヤリなのだろう。

さて、仮住まいに移って、この原稿は仮の椅子で書いている。やはり、食卓用の椅子で、父が作らせた大テーブルに引退いただいたあと、私が小ぶりのテーブルとともに揃えたものである。といっても、それからも優に四半世紀は経っているから、ガタガタ、ボロボロになっていたので、仮住まいに移るときに直しに出すことにした。

家具屋さんが、そのオンボロ椅子を検めに来て、「ほう!」と声をあげた。

「これ、デンマーク製じゃないですか!?」

そして、脚や、背の枠を、愛おしそうに撫でさすりながら、さらに続けるのだった。

「チークですね。いまやヴィンテージものですよ!」

買ったのは私である。それも、椅子についてアレコレ考えたこともない時代の私であるから、深い思い入れなどあるはずがない。カタログを見て、適当に選んだのだと思う。だが、「ヴィンテージもの」などと言われると、にわかに愛着がわいてしまうではないか。

修理の終わった椅子に座りつつ、新しいデスクチェアについて考える。

こんなふうに軽いのがいいなと、まず思う。以前の父の椅子はやたらと重くて、掃除のとき動かすのが大変だった。やっぱり、こうしたシンプルな木製がいい。できれば、チーク。基本的には木製だけれど、これみたいに座面は革張りで、胡座がかけるくらいゆったりしているものの……。この椅子の唯一の欠点は、座面があまり広くないことである。書き物をしていると、ときどき足を上げたくなることがある。できれば、肘掛もついていて……。

なんだ、「こんな椅子がほしい」という理想が、ちゃんとあるではないか。

人生の大半を、理想からかけ離れた椅子に座って過ごしてしまった自分にほとほと呆れつつ、いま、理想の椅子探しの真っ最中である。

(俳優)

プライウッドチェア　No.4801

Joe Colombo　ジョエ・コロンボ（1930-1971・イタリア）
1963-64年　カルテル社
成形合板、黒塗装　w71.5×d64×h60/sh34　10.6kg

イタリアを代表する建築家、デザイナーであったが、わずか41歳という若さで亡くなってしまった。34歳から亡くなるまでの7年間に40にものぼる受賞や賞賛を獲得していることからも、彼の才能の豊かさがうかがえる。イタリアのデザインといえば、デザインのみが先行し、機能面が疎かにされがちであるが、彼の作品をよく観ると、アイディアに溢れ、また、機能面や経済性等、細部にわたり検討がなされていることに気付く。この作品も3つの成形合板の部材をうまく組み合わせたものである。もしも、彼が今も生きていたらどれほどの作品を生み出していただろうか…。コロンボのデザインした家具をはじめ、プロダクトデザインの多くが現在もなお商品化されていることは嬉しい限りだ。

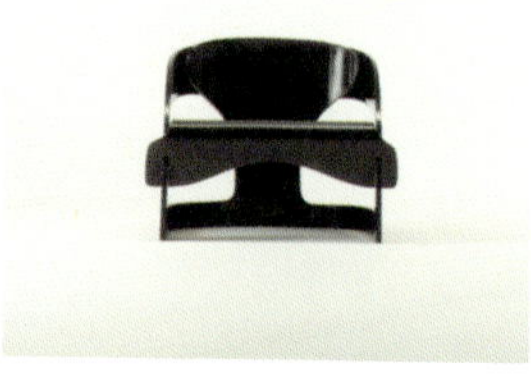

私の椅子へ

フレディ・スヴェイネ

子供の頃から君は私の親友だ。君は座る場所で、慰めてくれる場所で、物思いに耽る場所で、立ち上がる場所でもある。

私たちは皆、生まれながらの議長（英語では「椅子」を意味する「Chair」に、「議長を務める」という意味も有ります）である。私たちは先祖代々、「議長を務めること（「椅子」とも訳せる）」だけでなく、「他の人に議長の座を譲ること（「他の人に座らせる」とも訳せる）」も愛しているのだ。

椅子は、私の家での生活だけでなく、学校や職場、海外にまで付き添ってくれたものだ。私の椅子はデンマーク出身で、お気に入りは、ハンス・J・ウェグナーデザインのYチェアか、ウィッシュボーンチェアだ。私は椅子に座り、仕事の、そしてプライベートの願い事を唱えるのだ。

私たちデンマーク人は椅子を愛している。椅子は、デンマーク人のライフスタイルでとても大切にされている「ヒュッゲ」に欠かせない（「ヒュッゲ（Hygge）」は「居心地の良い雰囲気」というような意味。たとえば家族や親しい仲間とおいしい食事を楽しみ、キャンドルの灯ったあたたかい雰囲気のなかでくつろぐこと）。

友人や家族と集まるとき、椅子（肘掛は有っても無くても可）は必ず必要となるのだ（テーブルには座れないから！）。

要するに、私の椅子は、私の家であり、私の安全地帯なのだ。私は私の椅子を愛しているが、私の友人や同僚とその椅子を分け合いたいとも考えている。

どうぞ私の椅子にお座り下さい！　そして、私の「気持ちを盛りあげて」下さい（英語では「気分をあげる」という意味で「Cheer」を使いますが、ここは同音語の「Chair」「椅子」とかけて使っています）！

２０１７年10月19日
日本とデンマークの外交樹立１５０周年記念の年に
伝統、イノベーション、ゲートウェイ～未来へ共に～

（駐日デンマーク王国大使）

イージーチェア

Kai Christiansen　カイ・クリスチャンセン (1916-　・デンマーク)
1964年　C.イェンセン社
チーク材、籐、ファブリック　w72.5×d81×h87/sh34.5　16.5kg

最近、日本で復刻され始めたカイ・クリスチャンセンの代表作に、ペーパーナイフチェアがあるが、ここに紹介した作品は日本ではあまり知られていない。直線的な面が強調された作品であるが、背には籐を張ってあり、優しい印象を受ける。また、肘をのせる部分も広くとってある。人間の安楽姿勢をよく考えた背の角度といい、有名ではないがデンマーク家具の水準の高さを示す作品である。この作品とセットのスツールもデザインされていたのではないかと考えられる。ミッドセンチュリーのデンマーク家具界では中堅のデザイナーであったが佳作も多い。もっと、見直されていいデザイナーである。

作家の椅子

斎藤啓子

それは、大きい。
それは、がっちりしている。
それは、座るものを包み込む。
それは、座るものの想いまでも受け止める。
そこに座れば、すべての謎が解けていく。

これは、私の家にあるブロンズ像で、かの有名な探偵「シャーロック・ホームズ」が座っている椅子である。このブロンズ像、実は一九六六年にミステリー作家である父・斎藤栄が「江戸川乱歩賞」を戴いたときのトロフィーとして、我が家にやってきた。私はまだ誕生していなかった時分だ。だから、物心ついたとき、像はすでに父の書斎に存在していて、常に一段高いところに鎮座していた。

決して大きくはない像だけれど、鋭い視線のシャーロック・ホームズが、背の高い背もたれのある椅子にどっかりと腰を掛け、パイプを燻《くゆ》らしながら思案している姿は、なんとも格好よく、こんな椅子に腰掛けて考えたら、きっと難しい数学もすらすらっと解けるに違いないと、自分の努力の薄さを棚に上げて、何度羨ましく思った事だろう！　私の父の書斎は畳敷きで、掘りごたつに座布団が定番。洋室が似合いそうなブロンズ像は、置いてあるそこだけが異空間のようで、父の書斎を覗く度に私の心をとらえて離さなかったのである。

父はいま書いた通り、机と椅子ではなく掘りごたつに座布団の定番セットで仕事をし、四百冊を超える作品を生み出してきた。

その無理がたたって、椎間板ヘルニアを患い、椅子に座れなくなってしまった時がある。高級・低級関係なし。高級なふわふわな椅子が一番痛がる。かといって、木でできた丸椅子は堅すぎてダメ。ギリギリなんとか少しなら座れたのが、会議室などでよく見かけるポップアップタイプのパイプ椅子。レストランに行くと、この手合いの椅子を探してもらい、座ってから一時間。それしか座っていられないから、この間に食事を済ませなければならず、顔見知りのお店にしか行かれなかった。

我が家のダイニングセットも、柔らかいスプリングが入ったタイプだったから、もちろん父は座れない。そこで、職人さんに相談したところ、「スプリングの代わりにベニヤ板を入れましょう」と提案が。硬すぎても座れないんですけど・・・。出来上がってきた椅子は、他のセットの椅子と見た目は全く一緒。なんの遜色もない。ただ、座ってみると程よい柔らかさの中にグッとお尻を支えるものを感じ、これがまた心地いい。さすが職人さん！　職人魂の結晶だ。腰の手術をしてすっかり良くなった今では、我が家の「作家の椅子当てクイズ」として、ネタになっているくらいよくできている。

私は時々、誰もいないダイニングでその椅子に座ってみる。その不思議な硬さに身を委ねると、ホームズの椅子に座っているような錯覚を起こすことがある。

ミステリー作家の座る椅子には、やっぱりミステリーが詰まっている。　（エッセイスト）

ウッドライン

Marco Zanuso　マルコ・ザヌーソ（1916-2001・イタリア）
1964年　アルフレックス社
ビーチ材に塗装、革張り　w74×d90×h71/sh34　18.8kg

建築家は多才である。そして、イタリアの建築家となると、その領域はより広いものとなる。このことはカルロ・モッリーノの項（60ページ）でも紹介したが、マルコ・ザヌーソもそうした建築家の一人である。大掛かりな都市計画に始まり、様々な公職に就き、大学で教鞭を執り、プロダクトデザインの分野では、電気製品や家具、台所用品にいたるまで様々なものを手掛け、その多くが高い評価を得ている。この作品は彼の「マッジョリーナ」（1947年）、「フォーライン」（1963年）に続くものである。半世紀を経た今もなお古さを感じさせないデザインであり、その商品化は継続されている。ミッドセンチュリーのころに誕生した優れた作品を超越するような作品が、その後に誕生してこないという各国共通のデザイン事情がイタリアにも起きている。

私のお気に入り　シエスタ

アーリン・リーメスタ

私のお気に入りの椅子は「シエスタ」だ。ノルウェーの著名な家具デザイナー、イングマール・レリング（Ingmar Relling）が1965年にデザインし、クラシックデザインに関する賞をあまた受賞した。典型的なノルウェーのアイコン（象徴）としてノルウェー人の心に刻まれている椅子でもある。座面と背面の2つの四角い面が木のフレームで繋がれている、いたってシンプルなデザインだが、その四角い面に革製のクッションがそれぞれ置かれていることで、より柔らかみのあるデザインとなり、座り心地も良い。

70年代のノルウェーの家庭にはどこにでもある家具だったが、80年代から90年代にかけては「少し時代遅れで〝ダサい〟」と考えられるようになり、人に譲られたり、大型ゴミ回収箱に捨てられたものだった。今ではシエスタが「レトロでスタイリッシュ」と言われるようになったので、手放した人々はひどく後悔している。

幸運なことに東京のノルウェー大使公邸にはシエスタが5脚ある。馴染みのあるアイコンがあるおかげで、ノルウェーから8400キロ離れた日本に居ても、ノルウェーの自宅でくつろいでいる気分になる。書斎に置かれたシエスタに座り、本を読み、コーヒーとチョコレートを味わいながら美しい庭を眺めている。もともと1977年に大使公邸が建てられた際にはシエスタが置かれたのだが、やがて、80年代から90年代に好まれるようになった白木の家具に取って代わられた。しかし2015年の改装時に再びシエスタが戻ってきたのだった。

仕事が終わると散歩に出て、帰るとシエスタに身を沈める、それが私の日課だ。1時間ほど近所を歩いて戻るのだが、だんだんと散歩の時間が短くなり、今では執務室から公邸にある椅子までの2分間の散歩になってしまった。その名の示す通り、仕事の後のシエスタ（午睡）に最適な椅子なのだ。

私のシエスタ愛と習慣を知る妻は、私がそのうちこの椅子と一体化してしまうのではと心配する。もしそうなっても、私自身は何の問題もない。無論大使館の仕事が出来なくなるのは問題ではあるが。

シエスタの利点をさらに挙げれば、折りたためて平たくなり、簡単に輸送できること。転勤族にはきわめて便利だが、公邸にあるシエスタは私が去った後も、後任の大使達の楽しみのために残り続ける。

（駐日ノルウェー大使）

シエスタ

Ingmar Relling　イングマール・レリング（1920-2002・ノルウェー）
1965年　ヴェスト・ランスケ社
ビーチ材、成形合板、革クッション　w65.5×d79.5×h80/sh50　8kg

ノルウェー・デザインは他の北欧諸国に遅れをとっていたが、この作品の出現で世界がノルウェー・デザインを認めたといってもよい。前後のフレームの中央で貫をはさむ構造は、それまでフラットバー（平鋼）のものによく見られた。背も座も、それぞれカンチレヴァーに近い構造となっており、フラットバーであれば何ら問題はないのであるが、成形合板ではなかなか難しい。材の厚さや幅など、綿密な計算から生み出されたフレームのサイズとプロポーションである。このシリーズにはハイバック・タイプや、アーム付きタイプ、スツール等がデザインされていた。イングマール・レリングには、このほかにファルコンチェアという名作があるが、先に述べた懸念から、合板とフラットバーの両方が商品化されていた。

椅子好き

岡田　淳

椅子が好きなのだろう。

2DKにふたり暮らしなのに、数えてみると一五脚も椅子がある。そのうち九脚がもらった椅子である。「この椅子いらないか?」といわれると、その椅子ならあの場所に置ける、こんな使い方ができる、などと想いがふくらみ持ち帰ることになるのだ。

風景に、椅子を置くだけで、そこに物語が生まれるような気がする。なにもない部屋に、草原に、砂漠に、道ばたに、交差点のまんなかに、海岸に……。おもちゃのようにちいさな椅子なら机の上に、窓ぎわに、洗面所の鏡の前に、ひきだしのなかに。ほら、物語が生まれる。

だから作品にも椅子はたびたび登場する。『わすれものの森』(BL出版)では、「昔どこかの宮殿か城で使われていたもので、いまはもうすっかり古びてしまったという感じのいす」が、小学校の屋上に置かれている。三年生のツトムがふしぎな男たちといっしょにその椅子にすわると、椅子はエレベーターのように空中に浮かび上がるのだ。それがいつのまにか海の上を飛び進み、わすれものが集められた島まで飛んでいく。その島では、わすれものを管理する男たちが、椅子にすわったまま、森の木々のあいだをぬって飛びまわっているのである。

六年生の行也と喫茶店メリーウィドウのママが小学校の倉庫から出られなくなり、助けを待つあいだふたりで物語をつくっていると、いつのまにか物語の世界にはいりこんでしまうという長編『扉のむこうの物語』（理論社）に登場するのは「落ちこみ椅子」である。

これは倉庫に置かれていたもので、クッションつきの木製の椅子。底にじょうぶな布が縦横にはってあり、それでバネをささえるタイプの椅子である。が、そうとう古く傷んでいて、底からバネがはみ出ている。これにすわると腰が落ちこむ。「こんな椅子にすわっているとさ、気分まで落ちこんじゃって、さびしいことやいやなことばかり思い出して、ぐちをこぼしそうになったりするかもね」と、メリーウィドウのママがいう。

この物語は、倉庫でふたりがいったことが扉のむこうの世界で実現してしまうので、「落ちこみ椅子」はしまつがわるい。もっとしまつがわるいのは、「落ちこみ椅子」がとつぜんあらわれるということだ。いままですわっていた椅子がいつのまにか「落ちこみ椅子」に変わっていたりする。ひとにいわないはずのぐちを延々としゃべってしまうことになる。

乗り物の椅子も「落ちこみ椅子」も、物語の必要からうまれたといっていい。しかし、それほど必要があるとも思えないところに書きこんでいる椅子もある。

『きかせたがりやの魔女』（偕成社）である。定年退職してストーリーテリングにはまった魔女が、自分の部屋で五年生の男の子におはなしを聞かせる。この部屋には、物語の展開にさして必要とも思われないのに、いろいろなかたちの、深緑の布がはられた古い椅子がある、と書かれているのである。

この魔女も、椅子が好きなのだろう。

（児童文学作家）

フォールディングチェア　TRIC

Achille Castiglioni　アキッレ・カスティリオーニ（1918-2002・イタリア）
Pier Giacomo Castiglioni　ピエール・ジャコモ・カスティリオーニ（1913-1968・イタリア）
1965年　BBBエッツメボナチナ社
ビーチ材　w66×d56.7×h80.7/sh40.3　5.2kg

イタリアの天才的デザイナー、アキッレ・カスティリオーニとピエール・ジャコモ・カスティリオーニ兄弟の合作である。彼らの生み出すデザインは常にマスコミの注目を浴び、そのユニークなオリジナリティ溢れるアイデアは数々の名作を生み出すことになった。しかし、彼らのデザイン作品は常に日常の中にあるごく普通のものをヒントにして誕生している。この作品は1910年頃にドイツのゲブリューダー・トーネット社から発表された椅子をリデザインしたものだ。常日頃から問題意識を持ち、対象物を漠然と見るのではなく、観察眼で観ることから問題点やアイデアの源となるものが発見できるのだ。こうした視点を一般にデザイナーズ・アイという。

王様の椅子

小山明子

現在、私が使っている椅子は、王様の椅子だ。楢の木の一枚板をくりぬいて漆塗り、座るところは革ばりで、どっしりと重く一人では動かせない。

楢の木は、英国王室の樹、ロイヤルオークとよばれているそうだ。三十年前、大島（夫で映画監督の故大島渚）が私に一言の相談もなく、飛騨高山の森を拠点に製作活動を行っている木工・建築の会社「オークヴィレッジ」で、大きなテーブル、椅子を注文して運ばれて来たものだ。

和室ばかりの我が家に、突然やって来た家具、当然置く場所もなく、廻り廊下の片隅にひっそりと置かれた。

ところが、大島が病で倒れ畳での生活が無理となり、とりあえず、じゅうたんに、大きな楢の木の一枚板のテーブルと、王様の椅子が主役となった。

やがてフローリングになり、床暖房になり、前からここにあって当然のごとく、正月や、お盆等、お客様や家族が集まると、みんな、この立派な家具をほめてくださった。

大島も大満足だった。

王様の椅子は、車椅子の大島から、私の椅子になった。くつろいで、座って本をよんだり、テレビをみたりするのに、まことに、楽で座りごこちがよい。

ところが食事をしたり、手紙を書いたりとなると、椅子の前の方に座らないとテーブルに届かない。

先日、左手首を骨折して右手のみとなったら、椅子を前に出さねばならぬ。これが、困難なのだ。そろそろ、自分の気に入った椅子が欲しくなった。

そこで、自由が丘にあるオークヴィレッジのショールームに、稲本正会長を、お訪ねした。

初対面の私に、当時、新宿にあったショールームによく大島が行っていたこと、そもそもは、黒澤明監督が黒田辰秋作の椅子に座って、テレビのコマーシャルに出てらして、自分も特別な椅子が欲しいとのことだったようだ。

ジョージ・ナカシマさんがよかったけど、無理なのでオークヴィレッジの特注になったと。

思い出した。私に素敵な文机や、小箱、引き出しつきのもの、せっせとプレゼントしてくれていたことを。

明子に怒られるなあ。と、何度もおっしゃってましたと、稲本会長。岐阜高山での特注だったとか。

お値段も結構なものだったようだ。もちろん怒った。

なにしろオークヴィレッジの木に、ぞっこんだったから。

息子の結婚式の引き出物も、トチの木をくり抜いたサラダボールだった。

王様の椅子には感謝しつつ、私も、自分の椅子が欲しい。

今、この立派なセットの嫁入り先を考えている。

と思ったら、王様の椅子の嫁入り先がきまった。

テーブルは藤沢市総合市民図書館に、椅子は市民ギャラリーに、大島渚愛用の椅子として、置かせてもらっている。ぜひ、一度この椅子に座ってみてください。

天国にいるパパ、そんなわけで、私の我儘をどうかお許しください。あなたの想い出を手放すことを。

（女優）

ラミネックス

Jens Nielsen　イェンス・ニールスン／デンマーク（1937-1992・デンマーク）
1966年　ウェストノーファ社
ビーチ材成形合板　w54×d74×h70/sh36.3　10kg

〈ラミネックス〉と名付けられた椅子は、２枚の成形合板を、ネジも使わず単に組み合わせただけの単純な構造である。しかし、そのフォルムは美しく、アイデアあふれる構造と、量産に適したデザインは、デンマークの成形合板を使用した工業デザインコンペティションでメダルを獲得した。２枚の板で構成される単純な構造の椅子ではアフリカの人たちが古くから使っている背板に穴を開け、座板を差し込むX型の構造のものが知られている。しかし、この作品のような美しい構造のものはこれまで発表されたことがない。試作の段階では前に２本脚、後ろに幅広い１本脚の作品もあったような記憶がある。いずれの場合も成形時の型は同じであり、どちらのデザインも可能であったと思われる。

人生の椅子

城戸朱理

椅子取りゲームは、かなしい遊びだ。

今でも幼稚園や保育園では取り入れられているそうだが、子供たちが音楽に合わせて椅子のまわりを歩き、音楽が止まると手近な椅子に座る、あの遊戯である。

子供の人数より椅子は少なく置かれているため、座れなかった子は脱落していく。椅子は次第に減り、最後は一脚の椅子を二、三人の子供が奪い合うことになるのだが、座れなかった子供が泣き出すこともあるという。

おそらく、子供は、椅子がないということは自分の居場所がないということだと本能的に察知しているのかも知れない。

そんなことを思ったのは、中原中也の『山羊の歌』に収録されている「港市の秋」という一篇を読んだときだった。

石崖《いしがけ》に、朝陽が射して／秋空は美しいかぎり。
むかふに見える港は／蝸牛《かたつむり》の角でもあるのか。
町では人々煙管《きせる》の掃除。／甍《いらか》は伸びをし
空は割れる。／役人の休み日——どてら姿だ。
『今度生れたら……』／海員が唄ふ。

『ぎーこたん、ばったりしょ……』／狸婆々がうたふ。
港の市《まち》の秋の日は、／大人しい発狂。
私はその日人生に、／椅子を失くした。

中也が歌った港町は実在するのだろうか。私にはそうは思えない。美しい秋の日、しかし、静かに狂っていく町。それは中也その人の心象風景なのではないか。それだけに、最後の二行が、なんとも切なく響く。人生に椅子を失くすとは、身を落ち着ける場を無くしてしまったということだ。しかし、人生の椅子を持っている人などいるのだろうか。

十六世紀、オランダの画家、ピーテル・ブリューゲル（父）が、実に面白い作品を残している。ブリューゲルは、農民画家としても知られているが、人間の愚かさや罪深さを余すことなく描いた画家でもあった。その油彩「ネーデルラントの諺」は、百以上のネーデルラントの諺を、一枚の絵画に描いたもので、意外なことに、そのなかには「猫に鈴をつける」というものもある。この言葉は『イソップ物語』にある話から、今では「いざ実行しようとすると、引き受ける者のいない至難なこと、出来ない相談」という意味で使われているが、十六世紀のネーデルラントでは、企みが、かえって状況を悪くするという意味だったらしい。

「ネーデルラントの諺」のなかには「灰のなかでふたつの椅子の間に座る」というものもある。これは、どちらの側にも立てない、決断できないという意味だったそうだが、椅子がないということは、やはり居場所がないことを意味するあたりは変わらない。

文筆業という仕事柄、私も椅子に身を委ねている時間は、どうしても長くなる。

書斎のスウェーデン製のデスクは、十六歳から四十年以上使っている。父親が選んでくれたもので、椅子も揃いのものだったのだが、身体を預けるだけに椅子は壊れやすく、今の椅子は四代目になる。

イタリアのティト・アニョーリがデザインしたリマというモデルで、MOMA（ニューヨーク近代美術館）のパーマネント・コレクションにも選ばれているが、永年、愛用出来るように革張りのものにした。しかし、もう三十年近く使っているものだから、革のあちこちが破れ、クッションがはみ出しているところもある。次の椅子を探さなければならないと思いながら、今日もその椅子に座って、原稿を書いている。

やはり、人生の椅子は、なかなか見つからないようだ。

（詩人）

ソーチェア

Ole Gjerløv Knudsen　オーレ・ゲルロフ＝クヌッセン（1930-2009・デンマーク）
1966年　カド社
アッシュ材、布張り　w72×d90×h82.5/sh30　4.3kg

両前脚部にかけられた縄紐をねじ上げることにより、両脚の下部を中心方向に引っ張っている。背の部分は、逆に外に引っ張られることになり、背のキャンヴァスはきれいに張られる。同時に、座の部分も外に引っ張られるのである。たった一カ所だけを操作することによって、全体がしっかりとした構造に完成するのである。これはデンマークの〝のこぎり＝saw〟をヒントに生まれたものである。のこぎりのような誰がデザインしたのかわからないアノニマスデザインの中には、暮らしの中から生まれた機能的なアイデアが数多くある。そうした点に着目して生まれたこのソーチェアと同じメカニズムを応用したソーベッドもデザインされた。

紫禁城の椅子

入江曜子

北京の市街には、東単、西単など東西の名を冠した地名が目に付く。この都市の東西を区切るものが、北京の子午線ともいうべき「中軸線」だ。というより紫禁城の中心である子午線の延長としての歴史の名残りということのようだ。中国最後の王朝「清」にとっての重要な建物はすべてこの「世界の中軸線」上にある。

天と、天からの委託をうけた王朝との関係を大衆に示す場としての天安門の中央を抜け、午《ご》門《もん》から北上する中軸線である皇帝の道「王路」をたどると、黄瑠璃瓦きらめく雄偉な太和殿《たいわでん》を囲む三層の基壇の中央、精緻な彫刻を施された大理石の階段「流雲龍階石」に至る。雲を踏み天をめざす龍の群れは、見上げる人々を天上の世界に誘うかのようだ。

椅子というテーマを与えられて真っ先に思い浮かべた椅子が、この太和殿の中央に位置する「玉座」だった。

昇竜がからむ二列六根の巨大な柱が支える広大な空洞のような内部の中央、須弥壇《しゅみだん》上に置かれた唯一の家具。それが「巻椅式《けんかしき》」というソファ状の椅子——金色の龍の群れに護《まも》られた「玉座」である。勿論、背後を囲む屏風にも龍。天頂にも宝珠を銜《くわ》えて蟠踞する巨大な金龍。研究者によって数えあげられた合計一万三千八百四十四条の龍が、王権神授の象徴としての皇帝の座を支えているのだ。

即位大典、詔勅発布など人民支配の根底となる儀式のすべてを執り行う太和殿の内部はまさに龍の世界。一人の人間である皇帝を、天からの統治を命じられた天子として荘厳し神秘化するための中国の想像力と技術が具体的な装置となってこの一脚に凝縮している。

賢帝も座った。愚帝も座った。最後にこの玉座で即位の大典に臨んだのは清朝第十二代の宣統帝、三歳の愛新覚羅溥儀である。一九〇八年、清朝の盛運を誇示する色とりどりの旗や幟《のぼり》が王道の左右を埋め尽し、王侯貴族をはじめ文武百官の列が、式次第を告げる鐘に従って三跪《さんき》九拝《きゅうはい》を行い、新帝への忠誠をささげる。しかし、幼い溥儀にとって儀式は退屈以上に不気味な光景であり時間であったろう。嫌だ、帰りたい、とむずかる幼帝を、玉座の足許に座をあたえられた父王が狼狽《うろた》えながら宥める。「もうすぐ終わる、もうすぐ終わるから……」この囁きは、参列者の耳にたしかに届いて、幼帝が間もなくラストエンペラーとなる運命の予言として広まって行った。事実、それ以来この玉座は空白である。

あらたなる人待ち顔にたむろせる主なき玉座の龍のおどろや　　曜子

二〇一七年の秋、習近平主席はトランプ米国大統領を伴って、人民共和国の主席としては初めてこの玉座のまえに立った。世界の覇者を夢見るこの二人はおそらくそこに座った自身の姿を幻視したのではないか。

この椅子には今もそんな想像を誘う魔力がある。

（作家）

アームチェア

William Stephens　ウィリアム・ステフェンス（1932-2007・アメリカ）
1967年　ノール・インターナショナル社
ビーチ材成形合板、布張り　w57×d51×h80/sh43.5　5.6kg

長い歴史を持つ家具メーカーは、必ずと言ってよいほどロングセラーの椅子をいくつか持っている。この作品を製造しているノール社でも、30〜50年もの長期間、生産され続けているモデルを数多く有している。この作品もそれらの一つである。こうしたロングセラー、ロングライフの作品というものは、ただメーカーが作ればよいと言うものではなく、それを販売するための販売店の協力と、その作品を評価し、購入する消費者のバランスがうまく機能しなければ成立しない。派手さはないが美しい椅子である。フレームは不等厚成形合板で製作されており、貫は入っていないが強度を考えた構造である。不等厚成形は強度が要求される部分のみ厚くしたり、弾力性を利用する部分は薄くする方法である。

JFK chicken

景山　健

99年秋　ドイツのベルリン。

バックパッカーとして初めて訪れた'91年当時とは大きく異なり、新たなドイツの首都のみならず欧州連合の中心たる機能を備えるべく急ピッチで工事が進められていた。大型クレーンが屹立《きつりつ》する近未来的風景の足元では、地下深くにまで及ぶ市内各所の巨大工事の現場を観光バスで巡るツアーまであった。

　壁に隔てられながらも東西文化の対峙点として、美術館、コンサートホールなどが立ち並ぶ様が印象深かったポツダム広場周辺は、日系大手企業も参入し、ガラス張り巨大商業施設がそびえ立つ現代的都市景観に変貌していた。当時、文化的意識の高さを感じ畏敬の念を抱いた佇まいは一変。壁とともに失われた風景に愕然としていた。

　この時、市内の画廊で制作発表する機会を得て1カ月滞在していた。春、東京で来日中だったアーティスト、クリスチャン・ロスマンを紹介され、ベルリン在住という彼に現地で首尾よく再会し様々な情報を得ていた。ある日、食通でもある彼が「ＪＦＫチキンを食べに行こう！」と、展覧会が始まって日本から遊びに来ていた友人とともに案内してくれた。

　ＪＦＫとは言わずと知れたジョン・Ｆ・ケネディである。

「私は一人のベルリン市民だ」と印象的な演説をした来訪時、その店で名物の「鳥の丸焼き」

を食べたのでそんな具合に呼ばれているらしい。
クロイツベルグ区　閑静な旧市街にある店はＨＥＮＮＥ《ヘネ》（雌鶏）。
歴史を感じさせる、大衆的なドイツの居酒屋風の店だった。
まだ明るさの残る時間帯にもかかわらず席はほぼ埋まっていた。観光客も含め地元市民にも親しまれているという。

「今日は君のためにＪＦＫが座った席を予約しておいたよ。」と馴染みらしい店の主人と囁き合って案内されたところには、レストランで使うにはいささか豪勢に過ぎる椅子があった。たっぷりと肉付けされたどっしりとしたスタイル。肘掛け、足など木部には彫刻が施され、使い込まれて若干の傷みはあるものの赤茶色に光った肉厚の牛革がしっかりと鋲で留めて貼り込められてこの上ない安定感と格調がある。

それにしてもそんな歴史的出来事が実現したにも関わらず、ドイツ人は随分鷹揚、寛大なものだと関心しつつ遠慮がちに腰掛けると、意外なほどたっぷりとして心地良い。地ビールを片手に、お決まりのザワークラウトとジャガイモのサラダをつまんで、不謹慎にもすっかり呑気ないい気分になった頃、お待ちかねのローストチキンが運ばれて来た。

全体にほどよく丁寧に焦げ目がつくまで焼かれ、シンプルかつ必要十分な出来栄えはまさにドイツ的！　その香りに大いに食欲をそそられ、すぐさまナイフで切込みを入れ手づかみで頬張る。「なるほど、こりゃＪＦＫもやられるわけだ！」と大いに納得。座っている椅子の事などすっかり忘れて前のめりで舌鼓をうっていた。

実はＪＦＫはＨＥＮＮＥに予約は入れたものの、訪れていなかったことを知ったのはそれから数年経ってからのことだった。

自分の勘違いか？　はたまたいたずら好きの彼の企みだったのか、真相はわからないが、あの椅子が演出してくれた特別な居心地と地ビールを飲みながら食らうローストチキンは、間違いなくＪＦＫも唸らせたであろう逸品であることに疑いはない。

（美術家）

オアシス　No.85

Franco Legler　フランコ・レグラー（1922-2015・イタリア）
1968年　ザノッタ社
アッシュ材、革張り　w58×d59×h77/sh33　4.6kg

イギリスのコロニアルチェアをリデザインしたものがこの〝オアシス〟である。通常、床面に凹凸があると3本脚以外の椅子では安定しない。しかし、4本脚でその問題を解決したのがこの作品である。それぞれの脚に開けられた柄穴に、貫は固定されていない。そのためそれぞれの脚は自由に動き床の凹凸に対応できるのである。もちろん水平の床での使用は完璧にこなすが、石ころの河原でも極めて安楽性の高い掛け心地を提供してくれる椅子だ。こうした機能性を可能にしているのが、柔構造である。椅子のあらゆる部分が固定されていないため、構造としてはグラグラである。そして人が座面に掛けることで、その体重により構造が安定するのである。

私の愛用の椅子

木下径子

数十年前までは、かなり広い食堂になっていて、楕円形の食卓を囲んで六脚の艶のある木製の両肘が付いた、坐り心地のよい、かなり大きな立派な椅子が揃っていた。だがいつの間にかわたしの座っている椅子だけが、ひとまわり小さくて低く、座面の端がこすれてクッションの綿がはみ出し、その上に背もたれを置き、見るからに粗末な椅子をいまだに使用している。

なぜだか気が付いたらそうなっていた。不思議だ。

家族が揃って食事をした時は同じ椅子がいつも四脚は埋まっていた。ふだんはばらばらでも、正月とか誕生日とか客も来て揃って食事をするときは、椅子は六脚揃って人で埋まり堂々と食卓を取り囲んでいた。

それぞれが成長し独立して離れていって、夫は旅立ってしまい、わたしはひとり暮らしになった。それでも大きな椅子だけは堂々と四脚食卓に向かって置かれている。

ふたつはそばのパソコンの机の前に、あとはとなりの居間のテレビの前に移されていた。

そしてわたしは相変わらず、両肘のない粗末な小さな椅子にひとり座って暮らしている。いつからそうなったのか。食事をしたり新聞を読んだり、本を読んだり、作品を書いたり、書斎兼用で一日の三分の二はそこに座って暮らしている。他の椅子の坐席の上には書類や資料が置かれている。

そしてわたしは、時には読んでいる本に疲れて足を組んで膝を食卓にぶつけたり、食卓の下に渡されている頑丈な支え板に足をのせてくつろいでいたりする。

なぜ自分だけ、こぢんまりとした肘のつかない粗末な椅子にいつまでも座っているのだろう。高さがいくらか低く、こぢんまりとして、足が床にうまく着くからだろうか。朝から夜まで自分と一体になっている。家の中でいちばん粗末な椅子だが、体に合って愛用しているらしい。

（作家）

イージー・チェア

Peder Karpf　ペーダー・カープ (1940-・デンマーク)
1968年　クリステンセン&ラーセン社
ビーチ材成形合板、黒塗装、フラッグハリアードライン　w121.5×d80×h67.5/sh23　10.2kg

この作品は、2000年5月にクリスティーズ・ロンドン（世界的なオークション会社）のサウス・ケンジントン会場に出品された。その時々の話題作が、オークションのカタログ表紙を飾るが、この作品はその背表紙を飾ったもの。これまではアート中心であったが、最近はプロダクトデザインがオークションを賑わせている。アートからデザインへ、その評価も少しずつ変わってきているようだ。アート作品はその作家性や希少性から高額な落札額になるが、デザイン作品は量産を前提としているため、その評価が低くなっているのかもしれない。しかしながら、デザインのもつ機能性や審美性（芸術性）など、その評価基準が変わりつつある。日本にデザインミュージアムがあればそうした評価に変化が生じるのは間違いない。

「君の椅子」ものがたり3

2006年、東川町生まれのつむぎちゃんは、12年の時を重ねて小学6年生に。プロジェクトには現在、北海道東川町・剣淵町・愛別町・東神楽町・中川町・長野県売木村・福島県葛尾（かつらお）村が参加しています。
写真：飯塚 達央

「君の椅子」を生み、育む「地域の力」

「君の椅子」プロジェクト代表
磯田憲一

❖「塞翁が馬」

「生まれてくれてありがとう」「君の居場所はここにあるからね」の思いを込めて、「君の椅子」プロジェクトをスタートさせたのは２００６年のことです。人生が「山あり、谷あり」だとしたら、底深い谷間に迷い込み、吹きすさぶ寒風にわが身をさらすしかなかった季節。そんな荒涼たる日々の中で、思いもかけず遭遇し、地域社会に提起することになった「君の椅子」プロジェクト。それは、まさに「人間万事塞翁が馬」といっていい出逢いであり、暗闇の向こうにほの見える一条の光でもありました。

北海道庁にあって、地域政策の立案とその展開に関わってきた四半世紀、心してきたことは、戦後社会の成長神話を支えてきた豊かさの「物差し」を転換し、新しい時代を切り拓く新たな基軸をつくり出したいとの思いでした。北海道は、とりわけ手厚い国の庇護のもとにありながら、戦後70年以上を過ぎても、経済指標が示す位置づけは、一周遅れのランナーに留まり続けてきました。ならば、少々大仰な物言いを許してもらえるなら、生き方の基軸を換えてみる智恵と勇気が必要なのではないか。そうした思いで、さまざまな風圧を受けながらも、中央依存を克服し、寄りかからない！自主自律の取り組みを重ねることに微力を尽くしてきました。前例踏襲にとらわれず、嫌われることを厭わず、新たな道に立ち向かおうとするエネルギーの源は何だったのかと考えると、北海道に生まれ育った若者が、彷徨いの旅を終え、終の住処《すみか》と思い定めたこの大地に寄せる「ローカルに生きることの誇り」、或いは「地域に在ることの矜持」とでも言うべきものだったかもしれません。そうした思いをバネに、地域が秘める「潜在力」に着目し、その力を見える形として具現化することで、次代へつなぐ地域ならではの文化的スタイルを育みたいと願い続けてきました。

❖産業としての地域力を集積する旭川家具

歳を重ね、行政機関の一員としての役割を終えた後も、地域の持つ「潜在力」に目を凝らしてきました。そんな中で旭川地域で蓄積してきた木工家具産業の力を活かし、新しい生命の誕生する喜びを分かち合える地域社会の再生を願い、地域に提案することになったのが「君の椅子」プロジェクトです。

「君の椅子」は、北海道の持つ技術や素材を組み合わせ、新しい生命の健やかな成長に思いを寄せながら作り上げてきた仕組み。同時にこれまでの高度成長を支えてきた「効率性」や「経済性」といった物差しの向こうにあるものを見つめ直し、「豊かな社会」と引き換えに、失い、忘れ去ってきた「地域の力」をもう一度取り戻したいと

2016年、東川町の『「君の椅子」の森』にて5町1村（東川町・剣淵町・愛別町・東神楽町・中川町・長野県売木村）と、君の椅子倶楽部のご家族にご参加いただき行った記念植樹会。

いう願いを込めたチャレンジでもあります。「君の椅子」は、さまざまな幸運の女神との遭遇に支えられて今日があるのですが、プロジェクトを生み出す源泉となり、ベースとなったのは、前述したとおり「椅子」を中心とした木工家具を地域に根ざした産業として成長させてきた旭川エリアの持つ稀有な「地域力」でした。

　旭川といえば、今や「旭山動物園」が全国区ですが、「旭山」に勝るとも劣らないブランド力を持つのが「旭川家具」(旭川市、東川町、東神楽町の3地域で製作の家具)。その力量を市民が十分に理解しているかといえば残念ながらと言うほかありませんが、木材関連産業の裾野は、この地域に大きく広がり、とりわけ木工家具の分野では、120を越える製作現場が存在しています。危機的な状況を幾度も越え、先進的な北欧家具にも学びながら今ではデザインや品質に優れた稀有な家具産地として存在感を高めています。3年に一度開催される「国際家具デザインフェア旭川」も、30年の歴史を重ね、世界の木工家具関係者が注目する国際コンペティションに成長しました。「旭川家具」で注目すべきは、規模の大きな企業が、一社単独で存在しているということではなく、エリア全体が、技術を育む力、世代を越えて技を伝承していく力を深く身につけていることです。技術の習得を目ざしてこの地に降り立った若者は、家具づくりの土壌や先達の息遣いに鍛えられながら、技と眼力を磨きます。それは一朝一夕にできるものではありません。

❖文化の都・長安と旭川

以前、こんな話を聞いたことがあります。平安時代、書の達人と言われた嵯峨天皇と空海は、書の腕前を競っていました。ある時、嵯峨天皇が長安から取り寄せたという書を空海に見せ、「長安の人の手になるもので、誰かは知らぬが、到底真似のできるものではない」と称賛。すると空海は「恐れながら、実は私が書いたもの」と伝えます。しかし天皇は「まるで書風が違う」と信じません。空海は「ご不審はごもっとも」と言って軸を外してみせると、そこに「青龍寺にて 空海」とあり、「文化の大国・長安で書を書くと筆に勢いが出るのです」と答えました。当時の長安が、世界から文人を受け入れ、人の持つ能力を刺激し引き出す文化の都だったことを物語る話です。

時代が大きく異なるとしても、長安に計り知れない文化の力があったように、旭川地域には、木工家具の製作機能だけでなく、家具職人の技と心を育てる懐深いエネルギーが蓄積しています。そのことを、この地の多くの人が認識していないのは、産業的には勿論、地域の誇りを育む上でも、あまりに惜しいと思えてなりません。

「君の椅子」プロジェクトは、このような旭川エリアに蓄積してきた「地域力」の存在をベースに構想されたものですが、同時に、「旭川家具」を支え、そのブランドを守る役割を果たしている職人たちの技に、市民として敬意を払うための仕組みでもあります。

世界の椅子の中でも、“君の椅子”は別格の存在と評した長原實さんは「旭川家具」を今日の姿に導いたリーダーでした

❖「木の成長を追い越してはならない」

旭川市に本社を置くカンディハウスは、日本有数の家具製造会社ですが、同社を創業した長原實さん（1935〜2015年）は、その晩年、「君の椅子」プロジェクトに深く共感され、大きな励ましを寄せてくださった方です。家具製造にデザインの視点を初めて導入し、「旭川家具」の今日を築いたリーダーであると同時に、芸術性の高い資質を持つ家具職人、優れたデザイナー、人材を育てる教育者、そして時代の在りようを語る思想家としての顔も持つ、類い稀な人物でした。その長原實さんは、大量生産のために均一性を尊ぶ風潮の中に身を置きながら、拡大均衡ばかりを目ざす家具づくりは間違いなのではないかとの思いに至ります。そして大量生産、大量廃棄といった、20世紀的なものづくりや、欲しい木だけを切り倒してきた経済至上主義とも言える感覚を乗り越え、「木の成長を追い越さず、修理・再生も含めて、長く使い愛される〝ものづくり〟の道を歩む」との信念を貫き通しました。その長原さんは、生前、「ノルウェー生まれの〝トリップトラップ〟をはじめ、世界中で子ども椅子は製作されているが、この『君の椅子』は、全く別格のもの」と言われました。そして亡くなられる5カ月前、私たちに寄せてくれた次のようなメッセージは、「君の椅子」の歩みに、大いなる勇気を与えてくれるものとなりました。

「椅子製作に携わって60年以上になるが、新しい生命に椅子を贈るという発想はどこから生まれたのだろう…。椅子という暮らしの道具が、こんな形で多くの人の役に立つことを証明してくれた『君の椅子』プロジェクトに、限りない敬愛の念を呈したい。ありがとう。」

長原さんが心を寄せてくれた「君の椅子」は、長原さんが言われた通り、「木の成長を追い越すこと」なく、「一生もの」の椅子として、子どもたちの生涯に寄り添う役割を果たし続けていくに違いありません。

❖ゆっくりと、少しずつ前へ

２００６年にスタートした「君の椅子」プロジェクトは、早いもので13年目を迎えました。２０１８年4月現在、参加してくれている自治体は7つ。まちには、椅子が創り出す、お伽話のような「情景」が生まれはじめています。また、地域の枠を越えて、個人として参加することのできる「君の椅子倶楽部」の輪も日本各地に広がりつつあり、届けられた椅子の数と同じ数の物語が紡ぎ出されています。椅子に刻まれる「時」。そして、ついた汚れや傷も日々の愛しい記憶。「君の椅子」は、家具というより、生涯に寄り添う「家族」です。

北に育った材と、北に集う技でつくられた椅子が、県境を越え、国境を渡り、それぞれの場所で「時を貯めていく」装置としての役割を果たしていく…。「ローカルに生き」「地域に在ること」の喜びを教えてくれたこの希望の道のりを、これからも緩やかに、揺るぎなく歩んでいきたいと心しています。

※ 2018年から、福島県葛尾《かつらお》村が参加することになりました。
東日本大震災の原発事故で全村民が村外への避難を余儀なくされていた村です。

椅子をめぐる話と

東川町・旭川市の匠たちの小宇宙

椅子 Dataの見方

①名称

②制作者・デザイナー名

③制作年代　④製作者・会社名

⑤素材　⑥サイズ（幅×奥行×高さ／座面高・単位：cm）

＊

解説文：各制作者

写真：丸山彰一（エムスタジオ）

椅子は人を変える

東　理夫

屋外に置かれた椅子に座る自分の姿を写すようになったのは、もう十年以上も前、カリフォルニア州メンドシーノの町が望める崖の上での出会いからだった。そこはジェームス・ディーン主演の一九五四年の映画、「エデンの東」の冒頭部分が撮影された町だった。

その頃、アメリカにまつわる幾つもの不思議の正体を知りたくて、一人車でアメリカ中を旅していた。ライト兄弟より先に空を飛んだホワイトヘッドのこと、世界初のスカイジャック犯D・B・クーパーのこと、エルヴィス・プレスリーの死んだ兄の墓のことなどをしらべたいという旅だった。そしてその時は、ジェームス・ディーンをスターに押し上げた映画の撮影現場を見に来たのだった。

その椅子は、入江の向こうにメンドシーノの町を望める場所にひっそりとあった。先客がいた。東欧系らしい痩せた黒髪の六十がらみの男で、カメラを仕事としているらしかった。「座るといいよ」と彼は、わずかに腰をずらして誘ってくれた。座面は奥行きがあり、いくらか傾斜した背もたれといい、ものに動じないようなガッシリとしたベンチだった。ベンチ、というより、「木造のソファ」と言ってもよかった。

「海を眺めるために作られた、自分の役目を持った椅子だよ」と男は、メンドシーノの町を見るようにしながら言った。彼は世界中を旅し、あちこちの野外のベンチに座って来た、と語った。それらは景色を眺めるために作られたベンチたちで、そこに座ると、目の前に拡がる景色によって自分の気持や表情が変わることがわかった。そう言うと、彼は目の前の海を写し、カメラを持った腕を伸ばして自分を撮った。

そうやって男は、世界のあちこちのベンチに対面する景色と、そこに座ってその景色に溶け込む自分を写してきたのだそうだ。それからぼくも、真似するようになった。土地により、場所により、景色により、そして肝心の座るベンチによって、自分の表情が違っていた。それは時に、見知らぬ自分だったりもした。

今これを書いているのは、自宅の窓際に置かれた椅子である。アルミの肘掛けに、背もたれと座面とオットマンが赤い皮革張りで、ぼくとともに年老い、もう革も破れて見る影もない。だが手放せない。そこに座ると、いつもの心に戻る。いつもの思考の流れに、身を委ねることができる。そしてぼくは、昨日までの続きを書く。

椅子はそこに座る人の身体と気持ち、心と魂を抱きとめ解放してくれる。もしかしたらこれまで座ってきた椅子たちが、ぼくを創ってくれたのかもしれない、と思ったりもするのである。

（作家）

大雪の大切プロジェクト　チェアー

小泉　誠
2017年　大雪木工　長谷川将慶
ハンノキ　w45×d39×h66.5/sh39、40.5、42.5、45、48
クッション：w37.8×d28.5×h1

「大雪《たいせつ》の大切プロジェクト」とは、ただの製品開発ではなく、モノをつくり続けていくために「大切なコト」を探し続けるプロジェクト。始めた理由のひとつに、「モノづくりのスタイルを本来あるべき姿に見つめ直したい」という想いがありました。

それは、「北海道の森」を中心に考えたモノづくり。森の持続可能性を大切に、家具材としてあまり活用されてこなかった北海道産のハンノキを使用した「いつまでも作り続けられる」家具シリーズが誕生しました。

シリーズの中心的存在であるこのチェアーは、高さを5段階に調整することができる、浅めの座面が特徴。さらに、座面の昇降位置を、小学生から大人になるまでの成長に合わせた不均等な間隔に設定することで、「いつまでも使い続けられる」椅子になりました。ハンノキならではの軽さも大きな特徴のひとつです。

メリーさんと椅子

五大路子

十八の頃、竹内敏晴演劇塾で初めて取り組んだ芝居のタイトルは、多分「出会いのトランポリン」？　タイトルを忘れてしまったので、もし間違えていたら遠い記憶の中なので、お許し願えればと思う。一人の女がイスを愛する――という課題だった……「えっ、椅子を愛する⁉」今までそんなにじっくり観た事もなかった椅子を足許から観察し始めた――すると私の心に飛びこんできたのは、椅子を支えている四つの脚だった。全体を支え、時に人がドーンと、又は、そそと、又はグニャッと身をゆだねて座る。何と頼もしい素敵な脚だろう。偉大な姿だろう。黙ってそこにいて、無言でどんな時も受けとめてくれる――。

――私は四つの脚の間に、身体を氷のようにゆるりゆるりと溶かして流れこむ。そしてイスの脚に身体をからませてゆく。身体がいつしか私の精神となり、椅子と会話しはじめた。いつのまにか、私の中に愛おしいという心が生まれているのに気づく――そして私は完全に椅子に恋してしまったのだった。

……あれから四十年以上、舞台に今も挑んでいる。その中で、演じ続けてもうすぐ四半世紀をむかえるひとり芝居「横浜ローザ」のモデルの白塗りの老娼婦「ヨコハマメリー」（終戦直後から横浜の街に立ち続けた実在の老娼婦）彼女は港街ヨコハマの馬車道のベンチに座ってよく居眠りをしていた……どんな想いでそのベンチの椅子に身をゆだねていたのだろうか？ローヒールをはき、まっ白な顔にまっ白なドレス、赤い口紅、赤い靴をはき……。最晩年はパイプ椅子二脚に足をのせ、身をちぢめ彼女は椅子の上で眠っていた。その身体はいっそう小さくなっていた。パイプ椅子の脚は彼女を支えていた、無言で——、どれだけの想いの、重さを椅子は黙って受けとめていたのでしょう。

今年も又、八月、その想いを感じながら終戦記念日に横浜ローザの幕をあける。

（女優）

森の香シリーズ

2017年　さくら工芸　土田 正二三
ナラ材　w42×d40×h80/sh45

家具となっても、いつまでも木の生命力を感じさせてくれる無垢材の家具。木の質感や木目の美しさなどを楽しみながら、何世代にもわたって使い続けられる〝一生付き合える家具〟を目指し製作しています。一般商品化している「森の香シリーズ」のなかでも、最近の作品がこの椅子です。座り心地と背あたりを考え、座面と背面には、絶妙なカーブを持たせた材を組んで仕上げています。凹凸を施した組み手と昔ながらの天然の膠《にかわ》を使って接合することで、生きている木の伸び縮みを自由にさせ、割れや歪みを防ぎます。特によい材をよりよく使った傑作、と自負する椅子です。

国立劇場の椅子

小谷野　敦

若いころ、演劇が好きで、演劇評論家になろうと思っていた。歌舞伎や新派、小劇場などさまざまな演劇に足を運んだ。五年間、大阪にいたが、その時も道頓堀の劇場へたびたび行っていた。

だが、いつしか演劇への情熱が冷めてしまった。演劇評論家になるような人は、毎日のように劇場へ行くものらしいが、私にはとうていそんな根気も体力もなかったし、閉所恐怖症だから、床に座る小劇場などでぎゅうっと詰め込まれると恐怖体験である。

演劇好きだった若いころを思いだすと、いつも国立劇場のロビーに思いが及ぶ。歌舞伎の一幕が終わって、二階か三階のロビーへ出ると、ソファがあって、そこに座り、煙草に火をつけるのだ。そして今観た舞台を反芻しながら、筋書をぱらぱら見ながら休憩するのが至福の時であった。もちろん、それ以外の劇場でもそういうことはあったが、国立劇場の椅子がいちばん快適だった。あるいは、今はなき大阪・中座の二階には、狭いロビーにビニール張りの長椅子があったのを覚えている。

だが、二〇〇四年ころ、国立劇場は喫煙者を外へ追い出した。はじめは劇場前の椅子で吸えたのだが、二年ほどたつと、それもできなくなり、片隅へ追いやられた。あちこちの劇場がそんなことになり、私も耐えて外へ出て吸ったりしていたのだが、いつしか演劇を観に行く気持ち自体がなえてしまった。

昔の歌舞伎劇場は、もちろん椅子ではなく、ウズラと呼ばれるところに思い思いの姿勢で座っていた。おそらくは胡坐だったろうが、今でも桟敷席では胡坐をかいて観る。これが一番楽でリラックスできる。

やはりその頃、日生劇場へ行ったら、喫煙所がないから、係員に訊いたら、劇場の入口もない三階か四階にあると言うので行ってみたら、例の空気を吸い取る機械が置いてあって、そこで立って喫うことになっていたから、これはたまらんと思い、一幕目が終わったあとで帰ってきたことがある。それからあとは、あちこちでこの空気清浄機を置いた狭苦しい喫煙室にお目にかかったが、こういうところは椅子がないのである。

しかし演劇に話を戻すと、私は今世紀に入ってから、次第に演劇に興味を失っていった。「歌舞伎は、飽きる」と言った歌舞伎評論家もいたが、「なんでもあり」になってしまった歌舞伎には、わざわざ足を運ぶ必要性を認めない。それ以外の演劇も、八〇年代に感じたような興奮を与えなくなってしまった。昔の文学者で、歳をとると演劇に関心を失う人がいたが、そういうことと、演劇の現状であろう。

自分が悪いのか世間が悪いのか知らないが、こうして結局、あの国立劇場のソファで一服していた記憶は、この三十年で喪われてしまったものを痛感させるばかりなのである。

（作家・比較文学者）

おしりと背中をベストに受け止める木製椅子　DC-4

2002年　アーリー・タイムスα
ナラ材　w46.6×d52.5×h75.5/sh42

木の質感がタップリと感じられ、背中の当たりも柔らかく掛け心地がよく、長時間座ってもおしりが痛くならない一脚です。座板は、無垢材をお尻の形状に合わせて極限まで彫り込み、座り心地の良さと軽量化に注力しました。彫り込み形状には、意匠的な面白さと滑り止め効果をプラス。背中の大きな曲線は、「曲げ木」という昔ながらの技法ではなく、材料を薄く挽き割った後に元の順番で重ね、型に入れて高圧で接着する「スーパー成型」という技術を使い、見ているだけで魅力的な、きれいな木目とラインを醸し出します。クッション材や布を使用していないので破れ・ヘタリがなく、丈夫で長持ちします。小柄な方でも踵が浮かないように、座面高が低いLタイプも用意しました。材質はナラ・タモ・ウォルナット・チェリー・メープルから選べます。ナラ材は木地色の他に4色を用意しています（写真はナラ木地色）。

椅子に宿る心

東　直子

四国徳島に、「大菩薩峠」という名前の喫茶店がある。この店は、オーナーの島利喜太さんがレンガを一人でこつこつ積み上げて作り上げた店なのである。机や椅子などの調度品も一本の木から彫り上げるなどした手作りである。

　　椅子の背のもように風がしみてゆく海をうつせばつめたきまぶた

この歌は、その島さん製の、背もたれに梵字が彫り抜かれた椅子に触発されて詠んだ。梵字の中を抜けた海風は、特別な力を宿すような気がしてならなかった。

椅子には、毎日座る。会話をしたり、仕事をしたり、テレビを見たり、時にはなにもせず、ただ座っている。椅子は、人間を支え続けてくれる無言のパートナーだと思う。その椅子を自らの手で好みのものを作ることができたら、どんなにすてきだろう。身体に直接ふれて寄り添うものだけに、椅子には独特の情感が宿るように思う。

江戸川乱歩の『人間椅子』は、人が日常的に使う椅子の中に人が入る、という斬新な発想から生まれた物語だが、椅子の潜在的な官能性をぞんぶんに味わえて、ぞくぞくする。

固い木の椅子に座っているときと、やわらかいソファーに座るときとでは、人の心のあり方もだいぶ変わる気がする。椅子の気配が、人間の心に影響を与えるからではないか、と思ってしまう。

　喧嘩喧嘩セックス喧嘩それだけど好きだったんだこのボロい椅子

こんな歌を作ったこともある。個人的なエピソードを詠んだというよりも、椅子の周りに起こるであろう普遍的なエピソードを、短歌の韻律に乗せてロック調に詠んでみたものである。椅子の周りには生活がある。穏やかなときもあれば、激しい感情に突き動かされることもあるだろう。

　彼の椅子がこちらを向いていたのです息づく者がまだいるように

一人の人が座り続ける椅子は、その人の存在を代替するようになる。椅子には椅子独特の存在感があるが、椅子自身は、自ら動くことはできない。そこに切なさを感じた一首である。

以前、死者が心残りのあるこの世をもう一度眺める場面を描いた『とりつくしま』(筑摩文庫)という短編集を出版した。魂が宿るのは、命を持たないモノ。それを「とりつくしま」と呼んだ。いろいろな死後の世界を書くと、その苦しさが身に沁みすぎて、私自身は「とりつくしま」はなくていい、とつくづく思った。しかしあるとき、映画館の椅子にならば、とふと思った。今は忙しくてなかなか行けないのだが、映画を映画館の大きなスクリーンで観るのが何より好きなのだ。できれば若い頃に馴染んだ少しレトロな赤い椅子がいい。そこで懐かしい映画や、できたての映画を、他のお客さんと一緒に、ただただ眺めて過ごすのだ。すっかりボロボロになって、その役目を終えるその日まで。

(歌人・作家)

Aチェアー

1999　アール工房
ナラ　w44×d52.5×h100/sh42

1999年、ナラの大木を使った、一枚板のテーブルをメインとするダイニングセットを考えました。一枚板というと、まだその頃は、囲炉裏をイメージした座卓スタイルが一般的。和の食卓で、きちんとした姿勢で座れる椅子はあまりなかったのです。そこで、格式ある日本料理レストランをイメージしてデザインしたのがこの椅子です。

日本人の体形に合わせた椅子は、どうしても座面までが低く、ずんぐりしたイメージになってしまいがちですが、それを払拭。また、座った瞬間に身体のどこにも不自然な当たりがないよう、試作を繰り返しながら、座面や背もたれに絶妙な角度や曲線を施しました。

象徴としての椅子

岡井 隆

森鷗外といへば、軍医総監・陸軍省医務局長の椅子に座つた人であるが、その「我《われ》百首」の中に、

今来《き》ぬと呼べばくるりとこち向きぬ回転椅子に掛けたるままに

といふ歌をのこした人であつた。

「今まいりましたよと声をかけたところ、立ち上がつて迎へてくれるのではなく、座つてゐた回転椅子に掛けたまま、くるりとこちらを向いた」といふのであつて、失礼な応対だともいへるが、また考へやうによつては、訪問者と椅子の主との身分の差を示してゐるともいへるし、あるいは、この二人が男女であり、親しいあひだ柄ならば、ごく普通の応対ともいへるわけで、座つてゐたのが仮りに男だとすれば、声を聴いただけで、誰だかすぐに判つたので、わざわざ立ち上るまでもなく、椅子ごとくるりと相手に向つて、にこりと笑ひながら、眼を合はせたのかも知れない。いや、これが一番、鷗外の意圖にかなふ読みなのだらう。

なぜなら、この一首は、「うまいより呼び醒まされし人のごと円き目をあき我を見つむる」（熟睡から呼び醒まされた人みたいに円い目をあけてわたしを見つめる、可愛いあなた）といつた

「目」または「見る」を兼題にした七首の中に置かれてゐるからである。

☆

昨年の八月のことだが、わたしは或るホテルのロビイで人を待つてゐた。相手はジャーナリストで、わたしは、約束より少し早く来すぎてしまつた。ロビイのソファに腰かけてゐると、すぐ前にホテルの事務所があつて、ガラスの壁の向かうの部屋のさまがよく見えてゐた。机があり何脚かの椅子があつた。わたしは、その椅子を手帖にスケッチしながら時をつぶしたのだつたが、何でもないその椅子の、足の反り方が気に入つて、ぐつと反つた椅子の力の入れ方に同情した。誰もいない事務所に、数脚の椅子だけが力《りき》んでゐるわけだ。

誰か来て乗つてみないかあの椅子の四本の脚を悦《よろこ》ばすために

といふ一首を作つて、その椅子に捧げたのであつた。

世に、社長の椅子、総理の椅子、都知事の椅子などと、その人の社会的身分と立場を、象徴するやうな「椅子」はたくさんあつて、人々はそれを使ひ慣れてゐるが、さて、物体としてのその椅子そのものを熟視したことは少いのではあるまいか。わたしの場合だつて、自分はソファに座りながら、向かうに見える木の椅子に目を向けてスケッチしつつ、ソファを意識することはなかつたのだ。

鷗外の「我百首」の中の歌にあつては、椅子に掛けてゐたのが鷗外自身であつて、「来ましたよ」と声をかけたのが親しい女人だつたのかもしれないといふ、主客の転倒も、椅子という象徴《シンボル》の力のなせるわざともいへるのだ。

（歌人）

rabi kids chair

千葉　信一郎
2015年　ウッドワーク　岡村貴弘
サクラ　w38×d45×h78

横顔がうさぎのように見えることから、「rabi《ラビ》」と名付けました。場所を取らないコンパクトさ、子どもでも運ぶことができるように軽量化、そして何よりこだわったのは座り心地です。計算された座面の彫り込みの深さと緩い傾き、背もたれの絶妙なカーブによって、よい姿勢を心地よく保ちます。成長に合わせて脚をカットすることもでき、永く「愛着の持てる」子ども椅子です。

東川町 木と語る ❶　「工房宮地」代表 **宮地鎮雄**さん Shizuo Miyaji

森に入り、木の個性を知るのが楽しい

デザイン・製作・販売のすべてを一人で行っている工房宮地の宮地鎮雄さん。「お客さんが望むものをつくる」という信念でたどり着いた、北海道産クルミ材での家具づくり。軽くて丈夫。「椅子は背中で座るもの」という人間工学の考えを取り入れて、至極の座り心地を生み出している。

――東川町に工房を開くまでは、あちこち旅行されていますね。

はい。大学は神奈川県でしたが、旅が好きで、在学中に何度も北海道を訪れました。そのうち住みたいと思うようになって…。卒業後は、札幌のカメラ店に就職しました。でもものづくりでやっていきたいという思いが強くなり、旭川の職業訓練校の木工科へ。その後、木製家具メーカーの「匠工芸」に入社しました。毎晩遅くまで作業をして、仕事を覚えました。その後、一旦妻と２人で世界を旅したあとで、再び北海道に落ち着きました。

――道産のクルミ材に着目したきっかけは？

最初は色々な木を扱っていました。次第に、濃い茶色のアメリカンブラックウォールナットと淡い茶色のクルミで製作するようになりました。さらに、産地や流通経路の明確なトレーサビリティを考え、北海道産のクルミの木でやっていくことにしたのです。一本一本の木の個性も生かしつつ、なるべくテーブルの天板はひとつの木から作っています。また、お客様の声を取り入れ、「座り心地のいい軽い椅子」を作っています。

――中川町との取り組みが注目されていますね。

町と協定を結び、毎年約30本のクルミの丸太を供給してもらっています。冬に中川町のフォレストワーカーと森に入り、樹齢90~100年程の木を切り出します。冬に伐採するのは、雪のあるうちに運んだほうが木が傷まないからです。

中川町産クルミは、それまで使っていた北海道産クルミに比べ色が濃いものが多いことに気がつきました。現在、北海道大学農学部や、森林総合研究所などの方々と調査を進めています。お客様を中川町の森へ案内し自分で木から選んでもらう、というプロジェクトも始めました。もし要因が判明すれば、伐採前の立木の状態で色を判別できるなど、産業的にも新たな展開ができるのではないかと期待しています。

背あたりのよさを追求した「Uチェア」。身体全体を包み込む座り心地。

用途別に作られた椅子やテーブルは個別に調整も可能。
美しい木目は原木が森の中で生きてきた証。

宮地鎮雄（みやじ・しずお）

「工房宮地」代表。1960年、愛知県生まれ。北海道・東神楽町にある匠工芸で家具製作に携わった後、1991年に木工作家として独立。1993年、東川町に工房宮地を構える。三角スツール「ラ・トロア」がグッドデザイン（Gマーク）に選定。道産のオニグルミ材による家具作りにこだわり、2013年に中川町と「町産木材の安定取引に関する協定書」を締結。木の伐採から関わるプロジェクトを推進している。

東川町 木と語る ❷

「むう工房」代表 **向坊 明**さん Akira Mukaibou

ずっと作り続けたい、ずっと必要とされる存在でありたい

北海道産のミズナラをベースに、しっかりと編み込まれたペーパーコードが特徴的な「むう工房」の家具。座面や背面は絶妙な弾性と張りを保ち、何年もへたらない丈夫さで、夏は涼しく冬は温もりがある。その技法は惜しみなく伝えられ、地元で採用する職人も多い。

——代表作「P・コード・スツール」誕生の背景は？

私が木工を学んでいたころ、日本の家具作りといえば、まだ箪笥などの箱ものがメインでした。椅子なんてまだまだ…。ある日、デンマーク製の椅子を参考に製作する機会を得たんです。それがヒモで編んだ椅子でした。座枠や脚部のデザイン・設計、座面となるヒモの編み方まで、工夫してオリジナルを作りましたね。その経験から、自分の作るものが決まったんです。座枠から脚部へはカリン材の割りくさびで接合。座枠に袋状にヒモをかけて編み上げることで、座面の強度を出しています。再生紙のヒモは、ゆったりとした座り心地です。長年使用していると、ヒモが、擦れたり、汚れたりして、修理を受けることがあります。編み替えると、新しく生まれ変わり、また、愛用していただけるのが、うれしいです。

——東川町で工房を開いたきっかけは？

1人ポンと自然の中に身を置いても生活できるよう

古い農家の納屋を改装して作った工房。大型の機械から極小のカンナまで、こだわりの道具が並ぶ。

になりたいと、36歳のときにサラリーマンを辞めて、岐阜県高山市で2年間木工を学びました。家具作りをしたいというより、「木工を知らなければ家の手直しもできない」という考えでしたね。住む所を探していたとき、旅行で訪れた北海道を家族が気に入ったので、移りました。最初は旭川市の山の中でしたが、もっと広々とした場所へと、今の場所に移ったんです。東川町は、製作環境がいいですね。クラフト仲間もいますし、遮蔽するものがないので、周囲に気を遣わずに済みます。それでいて旭川空港が近く交通の便がいい。展示販売で東京へ行く機会も多いので助かっています。

写真は「背編P・コードショートアームチェア」。ヒモの太さ、テンションのかけ方、凸面の出し方など、様々に編み分けている。

――これからどんな家具を作っていきたいですか？

全く新しいものを作るというよりは、自分のやってきたことを続けていきたいです。ラインナップそれぞれで基本デザインというものは出来上がっているので、うちの場合は、2サイズぐらい用意しておいて使う人の身体に合わせて脚の長さや奥行きを数センチ単位でカットして調節します。椅子の本当の座り心地は、身体に合ったサイズだからこそ感じられるのですから。また、ナラ材にこだわってきたのは木目が綺麗だから。柾目に出てくる虎《とら》斑《ふ》なんてすごく特徴的です。木の家具は、ぜひ木目を楽しんでほしいですね。だからうちは自然な風合いを大切に、着色はしません。

向坊 明（むかいぼう・あきら）

「むう工房」代表。1954年、福岡県北九州市生まれ。早稲田大学法学部卒業。財団法人建設技術研究所勤務を経て、飛騨国際工芸学園木工科に学び卒業。旭川に移住し「むう工房」開設。「P・コード・スツール」で、1999年・第12回北の生活産業デザインコンペ大賞受賞、グッドデザイン賞受賞など、ペーパー・コードを使ったスツールやチェアー、書斎デスクなどで数々の賞を受賞している。

東川町 木と語る ③　「木魂」代表 服部勇二さん Yuji Hattori

経験に裏打ちされた、繊細なデザインの中に強さをもたせる匠の手業

旭川に本社を構える大手家具メーカー「カンディハウス」で、長年家具職人としての技術を磨いてきた服部勇二さん。2008年、定年を待たずに53歳で独立し、東川町に工房「木魂」を設立。木の質感を大切にしながらモダンで洗練されたデザインの家具を製作し、後進の育成にも励んでいる。

──家具作りの道に進まれた経緯を教えてください。

木を使ったものづくりがしたい、手に職をつけようと、高校は旭川高等職業訓練校木工科へ進みました。そして、当時はまだカンディハウスの前身だった会社へ入社。12人いた先輩職人は毎日忙しく、新人は「見て盗んで学べ」でしたね。すべての基本である箱もの家具を極めようと、毎日鍛錬しました。後に、椅子やテーブル製作を中心とする会社と合併し、新しい風が入ってきました。そこで、私ももっと色々なことに挑戦したい！と思うようになり、デザイン性に富んだ、高級かつインテリア性の高い箱を作る専属部署を、社内に作ってもらいました。道産のナラの無垢を使い、釘や接着剤を使わずに組み手（接合部の凹凸の加工）だけで強度を出すのです。

──独立されたのは10年前、53歳のときですね？

年齢的に家族からも反対されましたが、〝自分の作品を作りたい〟という気持ちは若いころからありました。家具はずっと人に使われていくもの。だから「この手で木に魂を入れる」、そんな気持ちで工房名を『木魂《こだま》』と命名しました。最初は職人仲間に仕事を回してもらったり、デザイナーも必要としていたところでカンディハウス時代の後輩と組んで、オリジナル第1号を完成させました。それが「椅子コレクション2」で紹介された「師恩LDチェアー」です。彼は先に独立していて、「多くの師に学び導かれた」との感謝の想いを私の作品で形にしたのです。

――格子組みのスツールやテーブルもオリジナルとして広く知られています。

カンディハウスで長年私が取り組んできたブランド「一《いっ》本技《ぽんぎ》」の格子細工の技法を取り入れて、自分でデザインしています。ウォールナットの無垢材を使い、綿密な設計によりパーツを切り出して天板を組み上げます。滑らかにするためには、コンマ数ミリずれただけでも仕上がりません。木目や木の持つ質感を大切にしたいのと、使う人がメンテナンスしやすいように、植物系のオイルで仕上げています。お客さんが満足しない限り、それはいいものではない。自分でできる限りの最高のものを作るため、妥協はしないというのが私のポリシーです。大変ですが、だれにでも作れるようなものは作りたくないんです。

家族の希望もあり、周囲を田んぼに囲まれた、東川の開けたロケーションに工房を建てた。

手前からYUUKIスツール、サイドテーブル、ベンチ。落ち着いた色合いと先細りの脚が、モダンなデザイン。

服部勇二（はっとり・ゆうじ）

「木魂」代表。1955年、中標津町生まれ。道立旭川高等職業訓練校木工科卒。2008年に独立後、蛯名紀之氏デザインの「師恩」＝SHIONシリーズ、YUUKIシリーズでオリジナルを発表。2016年からは地元で講習会を開き、後進の育成にも力を入れている。2018年で4作目の「君の椅子」を製作。

カルロス・ペッ・トドさん
スペイン・バルセロナ出身。49歳。スペイン語・英語講師。2016年に東川町へ。
カール・ウィルコックさん
イギリス・ヨークシャー州出身、42歳。カフェオーナー、英語講師。2010年に東川町へ。
ハン・キョンホさん
韓国・ソウル出身、41歳。建築デザイナー、写真家。2016年に東川町へ。

※文中敬称略

シリーズ 東川町を旅する……vol.3

外国人移住者に聞く——東川の魅力

大自然と調和した美しい景観と、住みやすい環境づくりに力を入れてきた東川町。移住・定住のための具体的な政策と、そこに住まう人々の個性と魅力が、また人を呼んでいる。近年では外国人の移住者も増加。彼らの目に映る町の魅力とは?

写真：大塚友記憲

東川へ移り住んだきっかけは?

カルロス●２００１年に、旅行関係の仕事でバルセロナへ来ていた日本人と結婚しました。ずっとスペインに住んでいましたが、小学生と中学生になる子供たちに日本の文化を勉強してほしくて、移住しました。

カール●来日したのは18年前。イギリスの生まれ故郷の村に似た土地を求めて、２００９年に日本人の妻とそれまで住んでいた東京から北海道へ移住することを決めました。

［大雪遊水公園］

最初の1年は旭川市でしたが、友人や町の人たちとの色々な関わりがあって、気がついたら東川町へ来ていた、という感じです。5年間、旭川市の教育委員会で英語指導助手として勤めた後、2013年に東川町でカフェ「ロースターコースター」をオープンしました。

ハン●日本の雑誌の記事がきっかけです。大雪山に囲まれた美しい風景を見て、住みたいと思ったんです。ロシアで出会った私の妻は、北海道出身の日本語教師。妻が東川町の日本語学校へ教員として採用されたのを機に移住しました。

東川の印象は？

カルロス●大好きな自転車であちこち行きますが、町の人はみんな優しいです。子供たちは日本語の上達が早く、私は少し遅れを取っていますが、毎日がチャレンジ！とても楽しいです。

ハン●留学生が多いので、外国人同士の助け合いも自然に生まれています。カールさんのお店もそんな拠り所のひとつ。まずは「ロースター・コースター」へ。そんな空気があります。

カール●You Tubeで発信しているので、国内外から色んな人が来るんですよ。インドネシアのテレビ番組なんかも取材に来ました。私はお店にいてあまり外へ出ないのです

右上／ 2017 年 12 月～ 2018 年 2 月、ロースターコースターで開催されたのハンさんの写真展「白い物語の扉絵」。
左／ 7 合目までロープウェーで上がれる旭岳。

が、外国人はとても増えましたね。東川町がどんどん成長している証でしょうね。

休日の過ごし方は？

カルロス●子供たちとスキーをしたり山に登ったり、旭川市内へ出て友人とお酒を飲んだりします。

カール●最近は、ドローンにはまっていますね。風景を撮って、東川のプロモーションのためにInstaglam にアップしたりしています。

ハン●1人のときは、たいてい写真を撮っています。私が注目している東川の風景は、曇りの日の雪景色。空と地面が真っ白に一体化して、カラフルな家がポコポコっと建っていると、巨大な美術館の中に自分がいるような気になってきて、面白いんです。平地が続く東川ならではですね。

東川のお気に入りのスポットといえば？

カルロス●「大雪遊水公園」です。夜、仕事が終わった後に行って、大雪山の雪解け水がとうとうと流れて来る音に耳を傾け、何も考えずにリラックスします。バルセロナでは味わったことがない、すばらしい静けさです。

カール●家の庭です。日本に来る前は、ガーデンデザイナーだったこともあり、自分好みに作っています。北海道はイ

右／スキー・スノーボードは、町の中心地からすぐのキャンモアスキーヴィレッジのほか、旭岳でも。
左上／カフェ「ロースターコースター」。左下／カールさん宅の庭。

ギリスと植生が似てるんです。外を歩くと「先生、先生！」といつも人に見られて目立ってしまうので、プライベートな庭で過ごす時間が好きになりました。とても広くて、夏はＢＢＱをしたり花を愛でたりして静かに過ごします。

ハン●冬の水田だったら、東川はどこもすばらしい。大好きな場所ですね。まだ東川へ来て1年ちょっとですが、すごく体調がいいんです。あちこち走り回るからか、５kgもやせました。ジムはないけど健康的。

これからの東川ライフ、夢を教えてください

カルロス●今がよければそれでいいかなと思っています。子供たちも14歳と12歳ですし、そろそろ自分のことは自分で決める年齢。心配はしていません。

カール●まだしばらくは、子供の事とビジネスの事でいっぱいでしょうね。カフェで出している自家焙煎のコーヒーは、他店へ卸したり通販でも販売していて、とても好調です。ここでのビジネスに色々な可能性を感じているところです。

ハン●何らかの形で東川の写真を世界へ発信できたらと思っています。私は建築デザイナーなので、写真を写真としてだけでなく、インテリアとして展開するようなことも考えています。東川は木工の町でもありますから、何かコラボできたらいいなと思っています。

小さな国際都市・東川町

東川町とは？

東川町は、北海道のほぼ中央に位置し、東部は山岳地帯で、大規模な森林地域を形成しています。また、日本最大の自然公園「大雪山国立公園」の区域の一部になっています。

北海道の峰といわれる大雪山連峰の最高峰旭岳（2291m）は、東川町域に所在し、豊富な森林資源と優れた自然の景観は、観光資源として高く評価されています。

道北の中核都市旭川市の中心部から13㎞（車で約15分）、旭川空港から7㎞（車で約8分）の地点にあります。

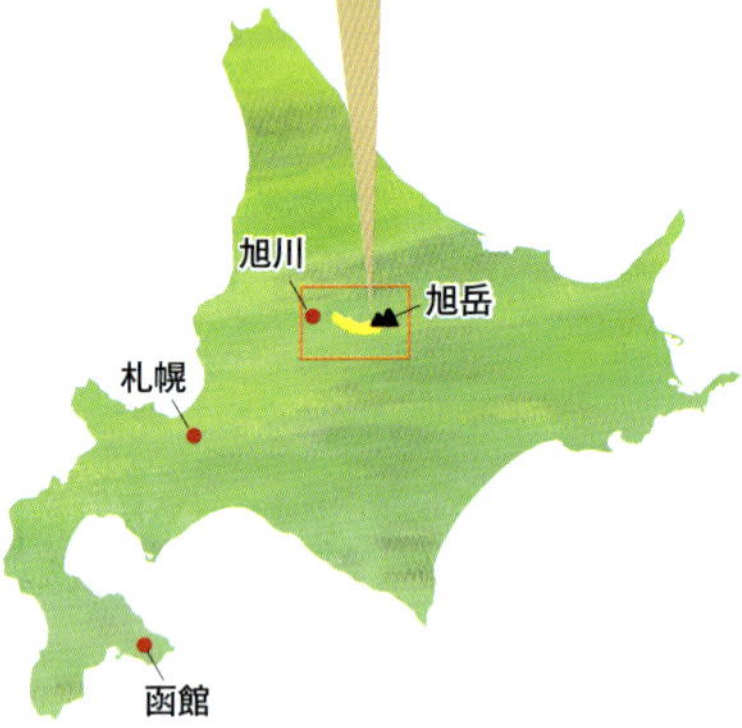

ひがしかわ株主制度について

「写真の町」ひがしかわ株主制度とは、東川町を応援しようとする方が東川町への投資（寄付）によって株主となり、まちづくりに参加する制度です。東川町ならではのプロジェクトの中から投資（寄付）したい事業をお選びいただけます。

詳しくはこちらのサイトまで
https://town.higashikawa.hokkaido.jp/stocks/about.php

世界に開かれた町

東川町に在留する外国籍の人の数は231人（2018年3月末時点）で、総人口（8217人／同）に占める割合は2・81％。これは全国平均より1％以上高い数字です。内訳はベトナム、中国、韓国、台湾など東アジア地域を中心にブラジル、アメリカ、そのほかヨーロッパ各国など18の国におよびます。

町は「世界の人びとに開かれた町」を掲げ、カナダのキャンモア町やラトビア共和国のルーイエナ町、大韓民国の寧越《ヨンウォル》郡などと姉妹都市・文化交流協定を結び、各国との人や文化の交流を積極的に推し進めています。

日本語教育にも積極的に取り組んでいて、2009年から、1～3カ月という短期間で東川町に滞在しながら日本語および日本文化を学ぶ、短期日本語・日本文化研修事業を行っています。平成29年度末時点での受講者は、東アジア諸国を中心に2300人を超えています。

2015年には全国初の公立日本語学校となる、「東川町立東川日本語学校」を開校し、6カ月と1年のコースを設け、留学生の受け入れを拡大しています。地域住民との交流機会を設けることで、国の垣根を超えた交流が生まれ、世界中の文化や人々が集う「世界に開かれた町」に変わりつつあります。

東川町在留外国人の国籍／ベトナム、タイ、中国、韓国、台湾、モンゴル、インドネシア、ウズベキスタン、イギリス、アメリカ、ラトビア、ほか

東川町の日本語教育事業

全国初の公立日本語学校「東川町立東川日本語学校」には、海外から多くの留学生が入学しています。

2	1
4	3
6	5

1. 東川町立東川日本語学校の校舎と銘板／2. 留学生の滞在施設「東川町国際交流会館」／3. 授業を受ける留学生／4. 日本文化の体験として行われる茶道体験の様子／5. 留学生たちと登る冬の旭岳／6. 地域行事に参加する留学生。

ＪＥＴプログラムを活用した取り組み

東川町には一般財団法人自治体国際化協会が行う JET プログラム（語学指導等を行う外国青年招致事業）で招致された JET メンバーが、様々なイベントで活躍しています。ALT（英語指導助手）４名、CIR（国際交流員）８名、SEA（スポーツ国際交流員）３名、13 カ国から 15 名　※ 2018 年３月末時点。

1	2
3	4
5	

1.JET メンバー集合写真／ 2.14 カ国・地域が参加した第３回高校生国際交流写真フェスティバル 2017 ／ 3. 世界４カ国の料理を東川町民と一緒に作って食べるイベント／ 4. 町内で毎年行われる「くらし楽しくフェスティバル」に母国の料理を出品する CIR ／ 5. めだかクラブでの ALT 主催クリスマスパーティー。

東川町と本

町の取り組みや魅力を本で発信する

東川町は、その独自の取り組みや魅力を本として紹介しています。
「人」「ライフスタイル」「自然」など、さまざまな角度から自治体としての取り組みを全国に発信し、注目を集めています。

2016 年刊

東川町ものがたり

町の「人」があなたを魅了する

「町づくりの仕掛け」を、人々の暮らしぶりとともに伝えていく。

「北の平城京」とも呼ばれる碁盤の目状に整った町並み。大雪山、写真甲子園、クロスカントリースキー、木工クラフト、君の椅子、東川米、ひがしかわワイン、温泉、株主制度、町立日本語学校などをキーワードに「町づくりの仕掛け」を紹介する。

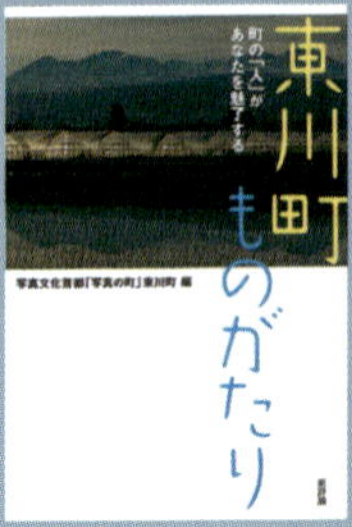

新評論　定価：本体 1800 円＋税

2016 年刊

東川スタイル Higashikawa Style

人口 8000 人のまちが共創する未来の価値基準

“ライフスタイルのまち” として全国的な注目を集める東川町の全貌に迫る。

人口減少時代にもかかわらず、定住者が過去 20 年で約 14% 増加している東川町。多様な人びとが影響しあい、共創しあいながら、「東川らしさ」を追求するライフスタイルと、その背景にある長年にわたるまちづくりの取り組みを解説。

玉村雅敏、小島敏明　著・編
産学社　定価：本体 1800 円＋税

2015 年刊

大雪山

神々の遊ぶ庭《カムイミンタラ》を読む

町民が「ふるさとの山」として誇りをもつ大雪山系をさまざまな人とのかかわりを通してまとめる。

写真家、スポーツ選手、登山家、学者、作家など、多方面にわたる人々によって残された大雪山の忘れられたエピソード、知られざる一面を、清水敏一、西原義弘が拾いあげた一冊。

清水敏一、西原義弘　執筆
新評論　定価：本体 2700 円＋税

執筆者プロフィール

Profile

村治佳織（むらじ・かおり）

ギタリスト。1978年東京生まれ。15歳でCDデビュー。パリ留学帰国後、本格的なソロ活動を展開。国内及び海外のオーケストラとの共演も多い。2003年には英国の名門レーベルDECCAと長期専属契約を結び、「ラプソディー・ジャパン」をはじめ、多数のアルバムをリリースしている。

横尾忠則（よこお・ただのり）

美術家。1936年、兵庫県生まれ。世界各国の美術館で個展を開催し、国際的に活躍。旭日小綬章、高松宮殿下記念世界文化賞など受章・受賞多数。2012年、神戸に「横尾忠則現代美術館」開館。2013年、香川県豊島に「豊島横尾館」開館。近著に『本を読むのが苦手な僕はこんなふうに本を読んできた』『創造&老年』など。

吉永みち子（よしなが・みちこ）

ノンフィクション作家。1950年、埼玉県生まれ。東京外国語大学卒業。競馬新聞記者、日刊ゲンダイ記者を経てフリー。1985年『気がつけば騎手の女房』で大宅壮一ノンフィクション賞受賞。他に『性同一性障害』『子供を蝕む家族病』などがある。

御厨　貴（みくりや・たかし）

政治学者、東京大学先端科学技術研究センター客員教授。1951年、東京生まれ。1996年サントリー学芸賞、1997年吉野作造賞受賞。TBS『時事放談』司会者を11年務める。サントリーホールディングス取締役。著書に「明治国家の完成」「権力の館を歩く」などがある。

平野啓子（ひらの・けいこ）

語り部・かたりすと。静岡県出身。早稲田大学卒業。文化庁芸術祭大賞、文化庁長官表彰。名作文学・名文を暗誦し、国内外で上演。平成26年度文化庁文化交流使として海外で日本文学を日本語のまま「語り」で伝え成功を収める。手話語りや複数言語の輪誦語りを開発。著書『語り文化を世界へ 声で伝える日本文学の旅』。

荻野アンナ（おぎの・あんな）

作家、慶應義塾大学文学部教授。1956年、神奈川県生まれ。慶應義塾大学博士課程修了。ソルボンヌ大学博士号取得。1991年『背負い水』で芥川賞受賞。2001年『ホラ吹きアンリの冒険』で読売文学賞受賞。近著は『カシス川』。

林　望（はやし・のぞむ）

作家・国文学者。慶應義塾大学大学院博士課程満期退学。ケンブリッジ大学客員教授、東京藝術大学助教授等を歴任。『イギリスはおいしい』で日本エッセイスト・クラブ賞、『謹訳源氏物語』（全10巻）で毎日出版文化賞特別賞。近著に『巴水の日本憧憬』、『（改訂新修）謹訳源氏物語』。

茂木健一郎（もぎ・けんいちろう）

脳科学者。1962年、東京都生まれ。東京大学卒。『脳と仮想』で第4回小林秀雄賞を受賞。「クオリア」（感覚の持つ質感）をキーワードとして、脳と心の関係を研究している。著書は他に『今、ここからすべての場所へ』。

山口仲美（やまぐち・なかみ）

日本語学者、エッセイスト。埼玉大学名誉教授。1943年静岡県生まれ。東京大学大学院修士課程修了後、実践女子大学・埼玉大学・明治大学教授を歴任。『平安文学の文体の研究』（金田一京助博士記念賞）、『日本語の歴史』（日本エッセイスト・クラブ賞）など。テレビ・ラジオ出演多数。

高橋三千綱（たかはし・みちつな）

作家。1948年、大阪府生まれ。サンフランシスコ州立大学入学。早稲田大学英文科中退。東京スポーツ新聞社で記者生活の傍ら執筆活動を開始。1974年『退屈しのぎ』で第17回群像新人文学賞、1978年『九月の空』で第79回芥川賞を受賞。近著に『さすらいの皇帝ペンギン』『楽天家は運を呼ぶ』がある。

檀　ふみ（だん・ふみ）

俳優。高校生の時、スカウトされ映画デビュー。以来、映画、ドラマに数多く出演する一方で、音楽番組や美術番組の進行役、古典の朗読など、幅広く活動。著書も多数。『ああ言えばこう食う』（阿川佐和子氏と共著）では、講談社エッセイ賞を受賞。父は作家の檀一雄。

フレディ・スヴェイネ（Freddy Svane）

駐日デンマーク王国大使。1957年、ロラン島生まれ。コペンハーゲン大学卒業。1982年、デンマーク外務省入省。ベルギー、フランス駐在などを経て2005年より駐日大使、2010年より駐インド大使を歴任。2015年8月より2度目の駐日大使に。

斎藤啓子（さいとう・けいこ）

エッセイスト。神奈川県横浜市生まれ。宝塚歌劇団出版編集部にて定期出版物のほか、企画物や写真集などの制作に携わる。その後、劇団四季編集部を経て、エッセイストとして活動。『軽井沢ヴィネット』などに執筆。著書に『あははと笑ってうふふと微笑んで』。

アーリン・リーメスタ（Erling Rimestad）

駐日ノルウェー大使。1963年ノルウェー生まれ。オスロ大学卒業、政治学専攻。1991年ノルウェー外務省入省後、駐シンガポール、駐アメリカのノルウェー大使館や、外務省大臣官房、安全保障政策部等を経て、2012年から東アジア・オセアニア部部長、2014年より駐日大使。

岡田　淳（おかだ・じゅん）

児童文学作家。1947年、兵庫県生まれ。神戸大学卒業後、西宮市で小学校の図工教師となる。『雨やどりはすべり台の下で』で産経児童出版文化賞、『扉のむこうの物語』で赤い鳥文学賞。2017年、〈こそあどの森の物語〉のシリーズを12巻で完結。エッセイに『図工準備の窓から』がある。

新保祐司（しんぽ・ゆうじ）

文芸批評家、都留文科大学教授。1953年、宮城県生まれ。東京大学文学部仏文科卒業。2007年正論新風賞、2017年正論大賞。近年は、北原白秋作詩、信時潔作曲の交声曲「海道東征」の復活公演に尽力している。著書『内村鑑三』『「海道東征」への道』など。

大場静枝（おおば・しずえ）

仏文学者、広島市立大学准教授。神奈川県生まれ。フランス・ポワティエ大学大学院修了（文学博士）。著書に『祈りと再生のコスモロジー——比較基層文化論序説』『近代フランス小説の誕生』（いずれも共著）、訳書に『ブルターニュ古謡集バルザス=ブレイス』（共訳）などがある。

猪瀬直樹（いのせ・なおき）

作家。1946年、長野県生まれ。1987年『ミカドの肖像』で第18回大宅壮一ノンフィクション賞。東京大学客員教授、東京工業大学特任教授などを歴任。2007年東京都副知事、2012～2013東京都知事。現在、大阪府・市特別顧問。

蜂飼　耳（はちかい・みみ）

詩人・作家。1974年、神奈川県生まれ。詩集『いまにもうるおっていく陣地』で中原中也賞、『食うものは食われる夜』で芸術選奨新人賞、『顔をあらう水』で鮎川信夫賞を受賞。エッセイ、小説、絵本なども執筆している。

平岡淳子（ひらおか・じゅんこ）

詩人。1962年、神奈川県生まれ。立教大学卒業。アトリエ第Q藝術勤務。処女詩集『半熟たまご』、近著『かえるのピクルス　詩をうたう』。

東　理夫（ひがし・みちお）

作家。音楽などを通してアメリカを知るレクチャー「鎌倉セミナール」を鎌倉で主催している。著書に『アメリカは食べる。』『アメリカは歌う。』（ともに作品社）。

五大路子（ごだい・みちこ）

女優・横浜夢座座長。神奈川県横浜市出身。桐朋学園演劇科、早稲田小劇場を経て新国劇へ。1996年、ひとり芝居「横浜ローザ」で横浜文化奨励賞を受賞。1999年に横浜夢座を旗揚げ。2008年第29回松尾芸能賞演劇優秀賞、2011年第46回長谷川伸賞、2012年横浜文化賞など受賞多数。2015年「横浜ローザ」ニューヨーク公演。著書に『白い顔の伝説を求めて　ヨコハマメリーから横浜ローザへの伝言』（壮神社）。

小谷野敦（こやの・あつし）

作家・比較文学者。1962年、茨城県生まれ、埼玉県育ち。東京大学英文科卒、同大学院比較文学比較文化博士課程修了、学術博士。『聖母のいない国』でサントリー学芸賞受賞。専門のほか、小説、作家伝記を書く。現在は近松秋江伝を準備中。著書に『もてない男』『悲望』などがある。

東　直子（ひがし・なおこ）

歌人・作家。1963年、広島県生まれ。1996年、第7回歌壇賞、2016年、小説『いとの森の家』で第31回坪田譲治文学賞受賞。「東京新聞」「公募ガイド」等で短歌の選歌欄を受け持つ。2018年4月より「NHK短歌」選者。歌集に『十階』、小説に『とりつくしま』等がある。

岡井　隆（おかい・たかし）

歌人・詩人。1928年、愛知県生まれ。慶應義塾大学医学部卒・医学博士。1983年、歌集『禁忌と好色』で迢空賞受賞。2010年、詩集『注解する者』で高見順賞を受賞。1998年より、宮中歌会始選者を21年間つとめた。2007～2017年まで宮内庁御用掛。日本芸術院会員。

小山明子（こやま・あきこ）

女優。1935年、千葉県生まれ。1955年、松竹で女優デビュー。映画・テレビ・舞台など多数出演。1960年、映画監督の大島渚と結婚。1996年、大島が脳出血で倒れ17年間介護。著書に『パパはマイナス50点』『笑顔の介護力』など。現在、介護の話で講演活動を行っている。

城戸朱理（きど・しゅり）

詩人。1959年、岩手県盛岡市生まれ。詩集に『幻の母』『漂流物』『現代詩文庫 城戸朱理詩集』ほか、評論、翻訳も手がける。吉増剛造のドキュメンタリー映画『幻を見るひと』では、エグゼクティブ・プロデューサーをつとめた。近刊に訳編『海外詩文庫 T.S.エリオット詩集』。

入江曜子（いりえ・ようこ）

作家。1935年東京生まれ。慶應義塾大学卒業。新田次郎文学賞受賞。国民学校の教科書を中心に太平洋戦争と少年少女の生き方についての講演など。近著に『紫禁城―清朝の歴史を歩く』『古代東アジアの女帝』。

景山　健（かげやま・けん）

美術家。1961年東京生まれ。東京藝術大学大学院修了。国内外での作品制作発表のほか、大地の芸術祭などに参加。鎌倉の寺院空間を使ったワークショップ「芸楽塾」主宰。以降、地域独自の関わりをテーマに活動を継続中。1999年「この国のかたち1 信濃川プロジェクト（新潟）」、2016年「北へ　客家文化公園　(新竹 台湾)」。東北芸術工科大学非常勤講師。

木下径子（きのした・みちこ）

作家。1935年、東京生まれ。早稲田大学仏文科中退。文芸同人誌「街道」主宰。著書『緩やかな挽歌』『女作家養成所』『梅雨の晴れ間』など。

編集協力　磯田憲一
撮影　エムスタジオ有限会社　丸山彰一
大塚友記憲
門脇雄太
和田北斗

東川町　椅子　コレクション3

発行　写真文化首都「写真の町」東川町
編集　伊藤玄二郎
制作・発売　かまくら春秋社
鎌倉市小町二―一四―七
電話〇四六七（二五）二八六四
印刷　ケイアール
平成三〇年五月一日　発行

ISBN978-4-7740-0751-9 C0095